Die Güldene Küche

Die Güldene Küche

Matthias Mehlhose

Bibliografische Information der Deutschen Nationalbibliothek
Die Deutsche Nationalbibliothek verzeichnet diese Publikation in der
Deutschen Nationalbibliografie; detaillierte bibliografische Daten sind
im Internet über http://dnb.d-nb.de abrufbar.

© 2008 Matthias Mehlhose
Satz, Layout, Umschlaggestaltung: concept media-design, Paderborn
Herstellung und Verlag: Books on Demand GmbH, Norderstedt
ISBN: 978-3-8370-2504-0

Inhalt

Frische Salate

Gefüllte Eier auf Salat

75 g Butter oder Margarine
3 EL Mayonnaise
Salz
weißer Pfeffer
1 Bund Petersilie
1 TL Zitronensaft
1/2 Becher Magermilchjoghurt
2 Köpfe Salat
1 Kästchen Kresse
1 Zwiebel
2 EL Essig
Salz
Pfeffer
1/2 TL Senf
2 EL Öl

Die Eier 10 Minuten hartkochen, abschrecken, schälen und halbieren. Das Eigelb herauslösen und durch ein Sieb streichen. Weiches Fett, passiertes Eigelb und 1 EL Mayonnaise glatt rühren. Mit Salz und Pfeffer abschmecken. Die Masse 2 Stunden kalt stellen. Gewaschene Petersilie fein hacken, mit der restlichen Mayonnaise, dem Zitronensaft und dem Joghurt verrühren. Mit Salz und Pfeffer abschmecken. Die Soße ebenfalls kalt stellen. Die Eiweiß-Hälften mit der Eigelbmasse füllen, wieder zusammensetzen und kühl stellen. Kopfsalat putzen, waschen und in feine Streifen schneiden. Kresse abschneiden. Geschälte Zwiebel fein würfeln. Zwiebel, Essig, Salz, Pfeffer und Senf zu einer glatten Soße verarbeiten. Öl unterrühren. Den Salat auf eine Platte geben und die Salatsoße darüber gießen. Eier auf dem Salat anrichten und die Joghurtsoße darüber geben. Beilage: Bauernbrot oder Pellkartoffeln.

Geflügelsalat mit Orangen

900 g Hähnchenbrust mit Knochen
Salz
Pfeffer
150 g Chicorée
200 g Radicchio
1 Orange
1 Bund Frühlingszwiebeln
Für die Soße:
1 EL Honig
2 EL Sojasoße
Saft einer Orange
1 Knoblauchzehe
5 EL Öl
Salz, Pfeffer
Basilikum (gerebelt)
Zum Bestreuen:
50 g gehackte Walnüsse

Hähnchenbrust mit Salz und Pfeffer würzen, in Alufolie verpacken und im vorgeheizten Backofen bei 200 °C ca. 15 Minuten garen. Das Fleisch erkalten lassen, vom Knochen lösen und in feine Streifen schneiden. Chicorée halbieren, den festen Kern herauslösen und die Stauden in feine Streifen schneiden, eine halbe Stunde wässern. Zuckerschoten in kochendem Wasser eine Minute blanchieren. Orangen schälen und filetieren; Frühlingszwiebeln putzen, in ca. 2 cm lange Stücke schneiden. Salatzutaten auf vier Teller verteilen. Die Soßenzutaten verrühren, über den Salat träufeln und mit gehackten Walnüssen bestreuen.

Paprikasalat

1 Beutel Würzmischung
für Salatdressing
(z.B. Knorr Salatkrönung
Zwiebel-Kräuter)
3 EL Wasser
3 EL Öl
200 g rote Paprika
200 g grüne Paprika
100 g säuerliche Äpfel

Würzmischung in eine Salatschüssel geben. Wasser und Öl hinzufügen und alles verrühren. Paprika in Streifen schneiden, Äpfel raspeln. Salatzutaten unter die fertige Salatsoße mischen.

Grapefruit-Salat

2 Grapefruit
1 Avocado
4 Lauchzwiebeln
1/4 rote Paprikaschote
Zucker
Salz
Pfeffer
Saft einer Zitrone
4 - 6 EL Walnussöl

Grapefruit und Avocado halbieren, Fruchtfleisch herauslösen, in Stücke schneiden. Lauchzwiebeln und Paprikaschote putzen, waschen, in feine Streifen schneiden. Salatzutaten mit Zucker, Salz und Pfeffer pikant abschmecken, in die halben Grapefruitschalen füllen, mit Zitronensaft und Walnussöl übergießen, mit Kräutern nach Wunsch bestreuen.

Krautsalat

500 g Weißkohl
1 TL Salz
1 TL Kümmel
100 g magerer Räucherspeck
1 Knoblauchzehe
3 EL Essig
3 EL Wasser
schwarzer Pfeffer

Kohl waschen, abtropfen lassen, hobeln oder in feine Streifen schneiden, kurz blanchieren, mit Salz und Kümmel bestreuen, gut durchmischen, Speck würfeln, ausbraten, gehackten Knoblauch zugeben, Essig und Wasser zugeben, aufkochen lassen, heiße Flüssigkeit über das Kraut geben, gut durchziehen lassen, kräftig pfeffern. Geschmacksveränderung: zusätzlich Senf, Öl, etwas Zucker, frische Kräuter wie Petersilie, Schnittlauch.

Mailänder Salat

150 g grüne Nudeln
1 EL Öl
150 g gekochter Schinken
150 g Gouda
3 kleine Gewürzgurken
2 Fleischtomaten
1 rote Zwiebel
1 Bund Petersilie
1 Becher Sahnejoghurt
2 EL Olivenöl
2 EL Essig
Salz, Pfeffer
1 Prise Cayennepfeffer

Die Nudeln in reichlich Salzwasser in 6 bis 8 Minuten knackig gar kochen, so dass sie noch Biss haben. Kalt abschrecken. Mit dem Öl zurück in den Topf geben und durch schwenken. Schinken und Käse in Würfel, Gewürzgurken in feine Scheiben schneiden. Die Fleischtomaten mit kochendem Wasser überbrühen. Kalt abschrecken und die Haut abziehen. Tomaten halbieren und die Kerne entfernen. Das Fruchtfleisch in Streifen schneiden. Die Zwiebel schälen und in feine Ringe schneiden. Die Petersilie fein hacken. Sahnejoghurt, Öl und Essig verrühren und mit Salz und Pfeffer abschmecken. Die Salatzutaten darin wenden. In einer Schüssel anrichten und sofort servieren.

Mexikosalat

1/2 Dose weiße Bohnen
1/2 Dose rote Bohnen
2 Tomaten
2 Zwiebeln
1 rote Paprikaschote
8 Würstchen (Glas)
4 EL Essig, 6 EL Öl
Cayennepfeffer
Knoblauchsalz

Rote und weiße Bohnen gut abtropfen lassen. Tomaten waschen, Stielansatz entfernen, klein schneiden. Zwiebeln abziehen und fein würfeln. Paprikaschote waschen, halbieren, weiße Teile entfernen. Schote in Würfel, Würstchen in Scheiben schneiden. Alle Zutaten mit Essig, Öl, Cayennepfeffer und Knoblauchsalz abschmecken, gut durchziehen lassen.

Sauerkrautsalat

250 g Sauerkraut
100 g blaue Trauben
100 g grüne Trauben
1 Grapefruit
50 g Walnusskerne
Salz, Zucker
4 EL Öl

Sauerkraut locker zupfen und mit den halbierten, entkernten Trauben, mit der geschälten in Spalten geschnittenen Grapefruit sowie mit den gehackten Walnusskernen vermischen. Mit Salz, Zucker und Öl vermengen, abschmecken.

Tomaten-Hähnchen-Salat

1 Dose Schältomaten (425 ml)
400 g Hähnchenbrustfilet
3 EL Öl
Salz
Pfeffer
100 g Feldsalat
1 Kopf Endiviensalat
1/2 Bund Petersilie
2 Schalotten
Zucker
2 Knoblauchzehen
6 EL Nussöl
8 EL Weinessig
2 EL gehackte Walnüsse

Tomaten auf ein Sieb gießen, abtropfen lassen und halbieren. Hähnchenbrust waschen und trockentupfen. Öl in einer Pfanne erhitzen, Fleisch darin 10 Minuten bei mehrmaligem Wenden braten. Fleisch herausnehmen, mit Salz und Pfeffer würzen und warm stellen. Salat putzen und waschen. Petersilie waschen, fein hacken, Schalotten und Knoblauch schälen und fein würfeln. Öl und Essig verrühren, Petersilie, Nüsse, Zwiebeln und Knoblauch zugeben. Mit Salz, Pfeffer und Zucker abschmecken. Salat auf Teller anrichten, Tomaten und Hähnchenfleisch darauf verteilen. Die Marinade darüber gießen.

Tomaten-Hähnchen-Salat

Putensalat dänisch

125 g Edelpilzkäse
(z.B. Danablu)
3 EL Crème fraîche
2 EL Sahne oder Dosenmilch
1 EL trockener Sherry
Salz
weißer Pfeffer
400 g Putenbrustaufschnitt
grob gem. schwarzer Pfeffer
3 Kiwis
100 g Rindersaft- oder roher
Schinken in dünnen Scheiben
1 EL gehackte Walnüsse

Käse zerdrücken, mit den nächsten fünf Zutaten glatt rühren. Putenaufschnitt auf einer Platte anrichten, mit schwarzem Pfeffer bestreuen. Kiwis in Scheiben darüber verteilen, Schinken als Röllchen daraufgeben; alles mit Nüssen bestreuen, die Käsesoße dazu reichen.

Spanischer Fleischsalat

150 g kalter Schweinebraten
150 g kaltes Roastbeef
(Reste oder Aufschnitt)
125 g gekochter Schinken
3 Frühlingszwiebeln mit Grün
1 EL Perlzwiebeln
10 schwarze Oliven
3 Tomaten
1 rote Paprikaschote
1 grüne Paprikaschote
2 Becher fettarmer Joghurt
4 EL Salatmayonnaise
würzflüssiger Knoblauch
Salz
frisch gemahlener Pfeffer

Schweinebraten, Roastbeef und gekochten Schinken in Streifen schneiden. Die Frühlingszwiebel putzen und in feine Ringe zerteilen. Die Perlzwiebeln und die Oliven halbieren, den Olivenkern dabei herauslösen. Die gewaschenen Tomaten vierteln, entkernen und in schmale Spalten zerteilen. Die Paprikaschoten halbieren, von Kernen und weißen Teilen befreien und ebenfalls in Streifen schneiden. Alle Salatzutaten in eine Schüssel geben. Den Joghurt mit der Mayonnaise verrühren, mit Knoblauch, Salz und Pfeffer abschmecken. Die Soße über den Salat geben und vorsichtig untermischen.

Bunte Salatplatte

1 großer Kopfsalat
200 g Kalbfleischwurst
100 g Butterkäse
1 grüne Paprikaschote
1 gelbe Paprikaschote
1/2 Salatgurke
3 Tomaten
4 EL Öl
3 EL Essig
Salz
Pfeffer
1 Prise Zucker
1 Bund Schnittlauch

Den Salat putzen, waschen, gut abtropfen lassen und auf einer großen Platte verteilen. Wurst und Käse in Streifen schneiden. Die Paprikaschoten in Stücke, die Gurke in Scheiben zerteilen. Die Tomaten achteln. Alles in buntem Wechsel auf der Platte anrichten. Aus Öl, Essig und Gewürzen eine Salatsoße rühren, unmittelbar vor dem Servieren darüber geben. Zum Schluss die Salatplatte mit Schnittlauch bestreuen.

Rindfleischsalat „Lukullus"

250 g kalter Rinderbraten
oder gekochtes Rindfleisch
(Aufschnitt oder Reste)
200 g Sellerie
200 g Pellkartoffeln
200 g Salatgurke
200 g Tomaten
1/2 Bund Schnittlauch oder
Petersilie
Öl
Essig
Salz
frisch gem. weißer Pfeffer
Oregano

Das Fleisch in feine Streifen schneiden. Den Sellerie grob raspeln, mit 5 EL Wasser kurz aufkochen und erkalten lassen. Die gepellten Kartoffeln, die geschälte Salatgurke und die Tomaten ebenfalls klein schneiden. Alles in eine Schüssel geben. Aus dem Selleriewasser, ein wenig Öl, Essig, Kräutern und Gewürzen eine Salatsoße rühren und mit den vorbereiteten Zutaten vermengen. Den Salat vor dem Servieren mindestens 30 Minuten bei Zimmertemperatur durchziehen lassen.

Salat Niçoise

1 Knoblauchzehe
4 EL Weinessig
Salz
Zucker
Pfeffer
1 kleine Zwiebel
6 EL Öl
75 g paprikagefüllte Oliven
1 Dose Thunfisch in Öl
10 Anchovisfilets
1 Bund Radieschen
4 Tomaten
2 hartgekochten Eier
1 Kopfsalat

Eine Salatschüssel mit Knoblauch ausreiben. Weinessig und Salz darin verrühren. Zucker, Pfeffer und fein gehackte Zwiebel zugeben. Dann das Öl unterrühren und die Soße pikant abschmecken. Die Oliven halbieren, den abgetropften Thunfisch zerpflücken. Die Anchovisfilets 10 Minuten wässern und klein schneiden. Die Radieschen in Scheiben zerteilen, Tomaten und Eier achteln. Alles mit der Salatsoße vermengen. Den Kopfsalat putzen, waschen, gut abtropfen und zerpflücken. Vorsichtig unterheben. Dann den Salat noch einmal abschmecken und sofort servieren.

Wurstsalat Mediterran

200 g Fleisch- oder Jagdwurst
3 mittelgroße Möhren
1 kleiner Kopfsalat
10 paprikagefüllte Oliven
4 Tomaten
1 grüne Paprikaschote
2 mittelgroße Zwiebeln
2 hartgekochte Eier
3 EL Essig
4 EL Öl
frisch gehackte Salatkräuter nach Wahl
1/2 TL Salz
1 Msp. Pfeffer

Die Fleisch- oder Jagdwurst in schmale Streifen zerteilen. Die geputzten Möhren in Scheiben schneiden und in wenig Wasser 5 Minuten dünsten. Dann abtropfen lassen. Den Kopfsalat putzen, waschen und in kleine Stücke zupfen. Oliven und Tomaten in Scheiben schneiden. Die Paprikaschote würfeln, die Zwiebeln schälen und in feine Ringe zerteilen. Die geschälten Eier achteln. Alles in eine große Schüssel geben. Für die Marinade Essig und Öl mit reichlich frisch gehackten Salatkräutern vermengen, mit Salz und Pfeffer abschmecken. Anschließend die Marinade über die vorbereiteten Salatzutaten geben und vorsichtig untermischen. Sofort servieren. Als Beilage frisches Weißbrot, Brötchen oder Hörnchen.

Salat Niçoise

Rindfleischsalat „Luigi"

500 g mageres Rindfleisch
Salz
1 Lorbeerblatt
2 Zwiebeln
250 g Möhren
1 grüne Paprikaschote
1/2 Staude Bleichsellerie
7 EL Essig
1 TL süßer Senf
1 TL scharfer Senf
schwarzer Pfeffer
Zucker
8 EL Öl

Das Rindfleisch in kochendes Salzwasser geben, das Lorbeerblatt und 1 geschälte Zwiebel zugeben. Möhren und Paprika putzen; den Bleichsellerie in einzelne Stangen zerteilen. Alles waschen und klein schneiden, nach 60 Minuten Garzeit zum Fleisch in den Topf geben, 20 Minuten kochen. Dann aus der Brühe nehmen und abkühlen lassen. Das Fleisch in Streifen scheiden. Aus Essig, Senf, Öl und Gewürzen eine Salatsoße herstellen, mit den vorbereiteten Zutaten vermengen. Gut durchziehen lassen. Vor dem Servieren noch einmal abschmecken.

Melonensalat Halbmond

2 EL Weinessig
Salz
Zucker
Pfeffer
1 TL scharfer Senf
1 EL Öl
1 Ogen-Melone (ca. 500 g)
10 schwarze Oliven
1 Paprikaschote
1 kleine Salzgurke
1 kleine Dose Champignons
1 EL Silberzwiebeln
50 g durchwachsener Speck

Aus Essig, Salz, Zucker, Pfeffer, Senf und Öl eine Salatsoße rühren. Die gewaschene Melone längs halbieren, die Kerne herauslösen. Aus dem Fruchtfleisch mit dem Kartoffelausstecher Kugeln herauslösen. Die Oliven halbieren und entkernen. Die geputzte Paprikaschote in Streifen zerteilen, die Salzgurke längs halbieren und in Scheiben schneiden. Die Pilze abgießen. Alles mit den Silberzwiebeln in die Soße geben und vermengen. Gut durchziehen lassen. Vor dem Servieren den fein gewürfelten Speck kross braten, mit dem Schaumlöffel aus der Pfanne nehmen und unter mischen.

Paprika-Snacks

1 rote Paprikaschote
1 grüne Paprikaschote
20 g weiche Butter
150 g Doppelrahm-Frischkäse
75 g Edelpilzkäse
5 Oliven mit Paprika gefüllt
1 EL Kapern
1 EL fein gehackte Petersilie
Salz
Knoblauchpfeffer
2 knackige Salatblätter
2 Oliven

Paprikaschoten innen und außen putzen, Butter, Doppelrahm-Frischkäse und Edelpilzkäse glatt verrühren. Oliven und Kapern fein hacken, hinzufügen. Die Masse mit Petersilie, Salz, Knoblauchpfeffer kräftig würzen und mit einem Teelöffel in die Paprikaschoten hinein drücken. Es dürfen keine Hohlräume entstehen. Die Paprikaschoten in Aluminiumfolie wickeln und ca. 2 Stunden in den Kühlschrank legen. Die restliche Käsemasse in einen Spritzbeutel mit großer Sterntülle füllen, ebenfalls in den Kühlschrank legen. Zum Servieren jede der beiden Paprikaschoten mit einem großen scharfen Messer in 6 Scheiben schneiden und je 3 farblich abwechselnd auf einem Salatblatt anrichten. Zum Schluss auf die jeweils letzten Scheiben einen Tuff Käsecreme spritzen und eine Olive obenauf setzen.

Salat Sommerflügel

500 g Hähnchenfleisch
1 Staude Radicchio
1 kleiner Frisée
250 g Champignons
2 Avocados
Zitronensaft
Für die Salatsoße:
2 EL Öl
3 EL Weinessig
2 EL Wasser
Salz
weißer Pfeffer
1 Prise Zucker
1 rote Zwiebel
1 Eigelb

Das Hähnchenfleisch auftauen lassen und in der Pfanne in heißem Fett auf jeder Seite ca. 3 Minuten braten und abkühlen lassen. Radicchio, Frisée und Champignons putzen, waschen und abtropfen lassen. Avocados halbieren, den Kern herauslösen und die Schale vom Fruchtfleisch entfernen. Nochmals halbieren und in Scheiben schneiden. Sofort mit Zitronensaft beträufeln, damit das Fruchtfleisch nicht braun wird. Für die Salatsoße Öl, Essig und Wasser verrühren. Mit Salz, Pfeffer und etwas Zucker abschmecken. Die Zwiebeln schälen, in Ringe schneiden, in die Soße geben und zum Schluss das Eigelb unterrühren.

Geflügelsalat mit Gemüse

500 g Delikatessgemüse
(tiefgekühlt)
500 g Hähnchenbrust
Salz
Curry
Pfeffer
3 EL Öl
Für die Salatsoße:
2 rote Zwiebeln
2 EL Schnittlauchröllchen
1 Becher saure Sahne
1 Becher Joghurt
1 Knoblauchzehe
2 EL Essig
Curry
Salz
Pfeffer

Delikatessgemüse in kochendes Salzwasser geben und ca. 7 Minuten bissfest garen, abgießen und abkühlen lassen. Hähnchenbrust unter fließenden Wasser abspülen, trockentupfen, mit Salz, Pfeffer und Curry würzen und im erhitzten Öl von beiden Seiten ca. 7 Minuten braten. Fleisch würfeln und abkühlen lassen. Für die Soße Zwiebeln abziehen, fein würfeln und mit den übrigen Zutaten verrühren, mit dem Gemüse und dem Hühnerfleisch vermischen. Salat 30 Minuten ziehen lassen.

Geflügelsalat mit Kirschen

300 g gegartes Hühnerbrust-
fleisch
1 Staude Sellerie
1 kleine Dose Pfirsiche
1/2 Glas Schattenmorellen
Für die Soße:
1 Becher Crème fraîche
1 TL scharfer Senf
1 TL Currypulver
Salz
Pfeffer
1 cl Cognac

Fleisch in kleine Stücke schneiden. Sellerie waschen und in Streifen schneiden. Pfirsiche teilen. Schattenmorellen abtropfen lassen. Zutaten auf vier Teller geben. Soße mit den Zutaten anrühren, etwas Pfirsichsaft zugießen und über den Salat träufeln. Bis zum Servieren kalt stellen.

Heiße Suppen

Tomaten-Bohnen-Suppe

500 g Ochsenbein
1 Bund Suppengrün
3 Zwiebeln
2 Lorbeerblätter
1 TL Pfefferkörner
2 EL gekörnte Brühe
400 g Brechbohnen
1 kleines Bund Bohnenkraut
1 kg Tomaten
80 g geräucherter
durchwachsener Speck
1/2 Bund Petersilie
300 g Schweinemett
2 Eier
Salz
weißer Pfeffer
Edelsüß-Paprika
20 g Butter oder Margarine

Fleisch waschen. Suppengrün grob würfeln. 2 Zwiebeln vierteln. Alles mit Lorbeer, Pfeffer und gekörnter Brühe und 1 1/2 l Wasser in einen Topf geben. Zugedeckt 1 1/2 Stunden kochen lassen. Geputzte Bohnen halbieren. Blättchen im Bohnenkraut abzupfen. Tomaten mit kochendem Wasser überbrühen, kalt abschrecken und Haut abziehen. Tomaten vierteln. Speck würfeln. Petersilie fein hacken. Mett, Petersilie und Eier verkneten. Mit Salz, Pfeffer und Paprika würzen. Fett erhitzen. Kleine Klößchen aus dem Mett formen und im Fett knusprig braun braten. Brühe durch ein Sieb gießen. Bohnen und die Hälfte der Tomaten in der Brühe 15 Minuten kochen. Bohnenkraut zugeben. Restliche Tomaten und Klößchen 5 Minuten vor Ende der Kochzeit zufügen. Fleisch klein würfeln und zugeben. Brühe abschmecken. Speck auslassen, restliche Zwiebel im Ringe schneiden und anbraten, dazugeben.

Zwiebelsuppe

500 g Zwiebeln
2 Stangen Lauch
2 EL Tomatenmark
1/2 l Fleischbrühe
1/2 l helles Bier
1 TL Majoran
1 TL gemahlenem Kümmel
Salz
Pfeffer
Brötchenscheiben
geriebener Emmentaler

Zwiebeln und Lauch in Scheiben schneiden. Zwiebeln goldgelb rösten, Lauch dazugeben und kurz mitschwitzen. Tomatenmark unterrühren, mit Fleischbrühe und Bier auffüllen. Mit 1 TL Majoran, 1 TL gemahlenem Kümmel, Salz und Pfeffer abschmecken, 20 Minuten köcheln lassen. Brötchenscheiben mit geriebenem Emmentaler bedecken, in der Suppe im Ofen überbacken.

Kürbissuppe

750 g Kürbisfleisch
1 große Zwiebel
2 Karotten
1/4 l Weißwein
100 g Kürbissamen
1 EL Olivenöl
1/2 l Fleischbrühe
2 EL Obstessig
Zitronensaft
Pfeffersauce
1/2 TL Curry
Salz
Pfeffer
1 TL Zucker
1 Prise Muskat
1 Tasse Crème fraîche

Kürbisfleisch, Zwiebel und Karotten, alles gewürfelt, glasig schwitzen. Mit Weißwein ablöschen und 5 Minuten köcheln lassen. Kürbissamen grob hacken, mit Olivenöl goldgelb rösten. Das Gemüse pürieren, mit Fleischbrühe vermischen. Mit Obstessig, Zitronensaft, einigen Spritzern Pfeffersauce, Curry, etwas Salz und Pfeffer, Zucker, Muskat abschmecken. Crème fraîche unterrühren, köcheln lassen. Mit dem gerösteten Kürbissamen bestreuen.

Kürbissuppe mit Porree

2,5 kg Kürbis
1/2 l Klare Brühe
1/4 l Weißwein
1 EL Senfkörner
2 - 3 EL Honig
100 g Porree
2 EL Kürbiskernöl
2 EL Kürbiskerne
1/2 - 1 TL zerkleinerte,
rote Pfefferschoten

Geschälten Kürbis in Spalten schneiden, Kerne heraus schaben und das Fruchtfleisch würfeln. Brühe und Weißwein aufkochen. Kürbis darin 20 Minuten garen. Mit Senfkörnern und Honig würzen. Geputzten Porree in feine Ringe schneiden. Öl in einer Pfanne erhitzen, Porree darin anschwitzen. Kürbiskerne zufügen. Mit zerkleinerten Pfefferschoten würzen. Kürbis in der Brühe pürieren. Nach Belieben noch etwas Honig zufügen. Mit Porree-Kürbiskern-Mischung anrichten.

Tomatensuppe

750 g Tomaten
1 Zwiebel
1 Tasse Sahne
Speisewürze
Salz, Pfeffer
1 EL ger. Zitronenschale
1 EL Zucker
Schnittlauch
Basilikum
4 cl Sherry

Tomaten enthäuten und mit der Zwiebel pürieren. Sahne erhitzen, mit Speisewürze, Salz, Pfeffer, Zitronenschale und Zucker würzen. Schnittlauch, Basilikum und Tomatenpüree mit der Sahne und 4 cl Sherry verrühren. Kühlen.

Kräuterrahmsuppe

2 feingewürfelte Schalotten
1 gehackte Knoblauchzehe
je 1 EL gehackter Kerbel,
Petersilie, Sauerampfer
oder Zitronenmelisse und
Basilikum
40 g Butter
1/2 l Fleischbrühe
100 g Sahne
4 kleine Scheiben Weißbrot
40 g Knoblauchbutter

Schalotten mit Knoblauch und Kräutern in der Butter andünsten. Brühe und Sahne dazugeben. Alles im Mixer oder mit Mixstab pürieren, aufkochen. Brot in kleine Würfel schneiden, in der Knoblauchbutter goldgelb rösten. In vier Tassen verteilen, Suppe aufgießen.

Feine Eierstich-Suppe

3/4 l Hühnerbrühe
1/8 l Sahne
1 TL Speisestärke
1 Döschen Eierstich (125 g)
5 cl trockener Sherry
2 EL gehackter Kerbel

Brühe erhitzen; Sahne mit Speisestärke verquirlen und darunter mischen, aufkochen. Eierstich dazugeben, erhitzen. Sherry und Kerbel hinzufügen.

Tomatensuppe

Acht-Kräuter-Suppe

1 Päckchen Suppengemüse
(300 g, tiefgekühlt)
3/4 l Rinderbrühe
2 Eigelb
Salz, Pfeffer
2 EL Kräutermischung
(tiefgekühlt, z.B. „8 Kräuter")

Gemüse in der Brühe gar kochen, pürieren. Eigelb, Salz und Pfeffer verquirlen, in die Suppe rühren, Kräuter dazugeben.

Kressesuppe

2 Kästchen Kresse
1 Zwiebel
200 g Champignons
1/2 TL Kerbel
1/2 l Weißwein
1/2 l Fleischbrühe
1 Tasse Kartoffelpüreeflocken
Salz, Pfeffer
Muskat
1 Tasse Sahne

Kresse kleinhacken. Zwiebel und Champignons in Scheiben schneiden, glasig schwitzen. Kerbel und Kresse unterrühren. Mit Weißwein und Fleischbrühe auffüllen. 5 Minuten köcheln lassen, mit den Kartoffelpüreeflocken binden. Mit etwas Salz, Pfeffer und Muskat würzen und mit Sahne verfeinern.

Rote Bohnensuppe

500 g Bohnen
500 g Tomaten
100 g Speck
Fett
Salz
Pfeffer
1 Prise Zucker
Fleischbrühe
Zitronensaft
Kartoffeln

Die klein geschnittenen Bohnen mit dem in Würfel geschnittenen Speck und der Fleischbrühe weich kochen. Etwas Bohnenkraut dazugeben und später wieder entfernen. Zuletzt die Bohnen mit Zitronensaft abschmecken. Inzwischen die Tomaten in heißes Wasser legen, abziehen, in dicke Scheiben schneiden und dann mit Salz, Pfeffer und etwas Zucker abschmecken und in Fett dämpfen. Dann die Tomaten unter die Bohnen mischen und zuletzt die gesondert weich gekochten Kartoffelwürfel dazugeben. Das Ganze zum Schluss noch pikant abschmecken.

Mexikanische Gulaschsuppe

500 g Schweinegulasch
2 EL Öl
2 Zwiebeln
Salz
Pfeffer
Paprikapulver
Oregano
1 - 2 EL Tomatenmark
1 kleine Dose geschälte
Tomaten
1 grüne Paprikaschote
1 rote Paprikaschote
1 große Dose weiße Bohnen
2 grobe Würstchen

Die Fleischwürfel ins erhitzte Öl geben und anbraten. Gehackte Zwiebeln zusetzen, glasig werden lassen. Nun den Topf von der Kochplatte nehmen, das Gulasch mit Salz, Pfeffer, Paprikapulver und Oregano würzen, mit dem Tomatenmark verrühren und mit etwas Wasser und dem Tomatensaft ablöschen. Auf kleiner Flamme 40 Minuten schmoren. Die geputzten, in Streifen geschnittenen Paprikaschoten 5 Minuten mitgaren. Dann die Tomaten, die Bohnen und die in Scheiben zerteilten Würstchen unterheben, erhitzen und alles noch einmal kräftig abschmecken.

Hühnersuppe

100 g Champignons
10 g Margarine
3/4 l Hühnerbrühe
125 g Hühnerfleisch, gegart
1 Dose Erbsen sehr fein (135 g)
1 EL Sojasoße
Streuwürze
Salz
Soßenbinder
2 EL Portwein
1 Eigelb zum Legieren

Die Champignons putzen, blättrig schneiden und in Fett andünsten, mit Hühnerbrühe auffüllen. Das Hühnerfleisch in Würfel schneiden, Erbsen abtropfen lassen, alles in der Suppe erhitzen. Sojasoße hinzufügen, mit Gewürzen abschmecken und mit Soßenbinder binden. Die Suppe mit Eigelb legieren und mit Portwein abschmecken.

Hessische Schnippelbohnensuppe

1,5 kg frische grüne Bohnen
(jung, mit kleinen Kernen)
1/2 l Rinderbrühe
2 kleine Zwiebeln
30 g Margarine
300 g magerer geräucherter
Speck
2 EL Öl
Bohnenkraut
Salz
Pfeffer
Universal-Würzmischung
1/2 l Sahne
1 - 2 TL Zitronensaft

Bohnen waschen, in 5 bis 8 cm große Stücke schneiden. Mit der Brühe in einen Topf geben. Zwiebeln schälen, zu kleinen Würfeln schneiden, in der Margarine goldgelb anbraten. Zu den Bohnen geben. Speck zu feinen Streifen schneiden, im Öl knusprig ausbraten. Mit Bohnenkraut, Salz, Pfeffer und Universal-Würzmischung zu den Bohnen geben. So viel Wasser auffüllen, dass die Bohnen nicht ganz bedeckt sind. 15 Minuten kochen. Sahne und Zitronensaft dazugeben, aufkochen.

Elsässer Kräuterrahmsuppe

1 Zwiebel
2 EL Butter
3 EL Mehl
1 l Brühe
200 - 300 g frische Kräuter
(Kerbel, Sauerampfer,
Schnittlauch, Blattpetersilie,
Dill, wenig Majoran, Melisse)
Salz
Pfeffer
3 Eigelb
1/2 l Sahne
Worcestersoße
Zitronensaft

Zwiebel schälen, in sehr kleine Würfel schneiden. In der Butter hellgelb anbraten. Mehl darunter rühren, bis es sich mit der Butter verbunden hat. Brühe dazu gießen. Unter ständigem Rühren mit dem Schneebesen aufkochen. Kräuter sehr fein hacken und dazu geben. Mit Salz und Pfeffer würzen. Eigelb und Sahne verquirlen, in die vom Herd genommene Suppe rühren, nicht mehr kochen lassen; mit Worcestersoße und Zitronensaft abschmecken.

Kresserahm-Suppe

3 Bund Brunnenkresse
2 EL feingehackte Zwiebel
30 g Butter
Salz
Pfeffer
1 TL Curry
2 EL Mehl
1/2 l Hühnerbrühe
1/8 l Milch
2 Eigelb
1/8 l Sahne

Von der Kresse die groben Stiele entfernen. Zwiebel in 10 g Butter andünsten. Kresse, 1/4 l Wasser, Salz, Pfeffer und Curry hinzufügen, 5 Minuten kochen. Abkühlen lassen, im Mixer oder mit Mixstab pürieren. Restliche Butter zerlaufen lassen, Mehl hinzu fügen und unter Rühren leicht anrösten. Brühe und Milch darunter schlagen (Schneebesen), erhitzen; Kresse dazugeben, einmal aufkochen. Eigelb mit Sahne verquirlen, in die heiße, aber nicht mehr kochende Suppe rühren. Heiß oder kalt servieren.

Bayerische Gemüsecremesuppe

1 Zwiebel
1 Stange Porree
150 g Sellerie
150 g Karotten
200 g Kartoffeln
Margarine
Würzmischung
1 TL Zucker
Worcestersoße
Salz
weißer Pfeffer
1 Stück geräucherte Speckschwarte
2 Petersilienwurzeln
1/4 l Sahne
Zitronensaft

Zwiebel schälen, klein würfeln, Porree, Sellerie und Karotten gut waschen und klein schneiden. Kartoffeln waschen, schälen, zu feinen Scheiben schneiden. Zwiebel in der Margarine hellgelb dünsten. Gemüse, Kartoffeln, 2 l Wasser, Würzmischung, Zucker, Worcestersoße, Salz und Pfeffer dazugeben. Speckschwarte in etwas Margarine anbraten und zur Suppe geben, ebenso die zerkleinerten Petersilienwurzeln; etwa 45 Minuten kochen, durchs grobe Haarsieb passieren, so dass die Gemüse mit durch gedrückt werden und als Püree in die Suppe kommen, Sahne und Zitronensaft dazugeben.

Gerichte mit Schweinefleisch

Salbei-Pfeffersteak

8 EL Grillöl
2 TL grüne Pfefferkörner
1 TL rosa Pfefferkörner
1 EL fein gehackte
Salbeiblätter
Salz
4 Nackenkoteletts

Grillöl mit den Gewürzen vermischen und das Fleisch damit bestreichen. Fleischscheiben aufeinander legen, in Alufolie verpacken und etwa 30 Minuten durchziehen lassen. Von jeder Seite rund 8 Minuten grillen.

Serbisches Reisfleisch

500 g Schweinegulasch
2 mittelgroße Zwiebeln
1 - 2 Knoblauchzehen
2 EL Schweineschmalz
250 g Langkornreis
1 kleine Dose geschälte
Tomaten
Salz
gekörnte Brühe
3 kleine grüne Paprikaschoten
frisch gemahlener Pfeffer
Paprikapulver
Tomatenmark

Das Gulasch mit den gehackten Zwiebeln und Knoblauchzehen in heißem Schweineschmalz anbraten. Den Reis zugeben, unter ständigem Wenden glasig werden lassen und mit 1/2 l heißem Wasser oder Tomatenflüssigkeit ablöschen. Mit Salz und gekörnter Brühe abschmecken. Ca. 20 Minuten auf kleiner Flamme ausquellen lassen. Nach 15 Minuten die in kleine Würfel zerteilten Paprikaschoten zugeben. Zum Schluss die abgetropften zerkleinerten Tomaten unterheben und das Gericht noch einmal mit Salz sowie Pfeffer, Paprikapulver und Tomatenmark abschmecken.

Bohnengulasch

500 g Schweinegulasch
1 Zwiebel
Bratfett
750 g grüne Bohnen
1 große grüne Paprikaschote
250 g Tomaten
Fleischbrühe
Salz
frisch gemahlener Pfeffer

Das Gulasch und die gewürfelte Zwiebel in heißem Fett rundum anbraten. Die geputzten und klein geschnittenen Bohnen zugeben, mit Fleischbrühe aufgießen und 20 bis 30 Minuten schmoren. Nach 10 Minuten die in Streifen zerteilte Paprikaschote zugeben, nach weiteren 5 bis 10 Minuten die gehäuteten, in Scheiben geschnittenen Tomaten zusetzen. Vor dem Servieren das Gericht mit Salz und frisch gemahlenem Pfeffer abschmecken.

Pikante Feuerspieße

600 g Schweineschnitzel
12 getrocknete Aprikosen
12 dünne Scheiben
Frühstücksspeck
4 kleine Zwiebeln
2 kleine Zucchini
Salz
frisch gemahlener Pfeffer
Curry
2 - 3 EL Öl
2 Gläschen Weinbrand

Das Fleisch in mundgerechte Würfel zerteilen. Die Aprikosen jeweils mit einer Scheibe Frühstücksspeck umwickeln. Die geschälten Zwiebeln halbieren, die Zucchini in fingerdicke Scheiben schneiden. Fleischwürfel, Aprikosen, Zwiebeln und Zucchinischeiben in buntem Wechsel auf Holz- oder Metallspieße stecken. Öl mit Salz, Pfeffer und Curry verrühren, die Spieße damit bestreichen. Unter dem Grill oder in einer heißen Pfanne 10 bis 12 Minuten garen. Anschließend mit Weinbrand flambieren und zu Butterreis servieren.

Gurken-Schmortopf

4 Schmorgurken
4 Scheiben gekochter Schinken
4 Zwiebeln
4 Knoblauchzehen
4 Kartoffeln
4 EL Butter
1/8 l Fleischbrühe
8 EL Sahne
2 EL Zitronensaft
1 TL Zucker
Salz
weißer Pfeffer
4 hartgekochte Eier
4 EL gehackter Dill

Die Schmorgurken schälen und längs halbieren. Die Kerne ausschaben und die Hälften in Scheiben schneiden. Den Schinken in Streifen schneiden. Zwiebeln und Knoblauchzehen schälen und grob hacken. Die Kartoffeln schälen und klein würfeln. Die Butter zerlassen, Zwiebeln und Knoblauch unterrühren in der Butter glasig dünsten. Schinkenstreifen dazugeben und kurz mitbraten. Die Gurken und die Kartoffeln untermischen, dann Fleischbrühe und Sahne zugießen. Den Schmortopf würzen und zugedeckt bei schwacher Hitze ca. 8 Minuten schmoren lassen. Die Eier schälen und grob hacken. Den Schmortopf mit den gehackten Eiern und Dill bestreuen und sofort servieren.

Basilikum-Tomaten-Pfanne

750 g kleine Tomaten
250 g kleine Zwiebeln
1/8 l Fleischbrühe
50 g durchwachsener Speck
6 - 8 schwarze Oliven
2 EL Öl
Salz
Pfeffer
2 Zweige Basilikum

Die Stielansätze herausschneiden. Tomaten häuten. Zwiebeln schälen, wenn sie zu groß sind, halbieren oder vierteln. In Fleischbrühe 10 Minuten garen. Fein gewürfelten Speck in einer flachen großen Pfanne in Öl anbraten. Zwiebeln und Sud, Oliven und das gewaschene, gezupfte Basilikum kurz durch braten. Mit Salz und Pfeffer würzen. Dazu schmeckt sehr lecker Reis, der mit einem Stich Butter und frischen gehackten Kräutern vermengt wird.

Scharfer Partytopf

1 kg Schweinenacken
1 kg Rindfleisch (aus der Hüfte)
3 Zwiebeln
2 Knoblauchzehen
50 g Butterschmalz
2 EL Tomatenmark
1 TL Edelsüßpaprika
1 TL Rosenpaprika
Salz
Pfeffer aus der Mühle
2 Lorbeerblätter
2 Würfel fette Brühe
1 kg Weißkohl
1 kg Kartoffeln
1 rote Paprikaschote
2 Stangen Lauch
2 rote Chilischoten
1/2 Bund glatte Petersilie

Schweinefleisch von den Knochen lösen, waschen, trockentupfen und würfeln. Geschälte Zwiebeln würfeln und geschälten Knoblauch fein hacken. Schmalz in einem großen Topf erhitzen. Fleisch darin von allen Seiten scharf anbraten. Zwiebeln und Knoblauch zufügen und ebenfalls anbraten. Tomatenmark mit anschwitzen. Mehl darüber stäuben und kräftig verrühren. Paprika zugeben. Mit Salz, Pfeffer und Lorbeerblättern würzen. Mit 2 l Wasser ablöschen und zum Kochen bringen. Brühwürfel darin auflösen und Fleisch 1 1/2 Stunden garen. Inzwischen geputzten Weißkohl in Streifen schneiden. 1/2 Stunde vor Garzeitende zum Fleisch geben. Geschälte Kartoffeln und geputzte Paprikaschote würfeln. Lauch putzen, waschen und in Ringe schneiden. Kartoffeln, Paprika und Lauch während der letzten 15 Minuten zum Eintopf geben. Zum Schluss sehr, sehr klein gewürfelte Chilischoten und gehackte Petersilie zufügen. Partytopf vor dem Servieren nochmals kräftig abschmecken.

Scharfer Partytopf

Calzone nach Art der Winzerin

2 EL Butter
1 Zwiebel
100 g durchwachsener
geräucherter Speck
1 Bund Frühlingszwiebeln
100 g frische Champignons
4 Tomaten
200 g blaue Trauben
12 gefüllte Oliven
4 rohgeräucherte Würstchen
1 Bund Oregano
Salz
Pfeffer aus der Mühle
1 Rezept Hefeteig
200 g Mozzarella

Speck in Butter auslassen. Fein gehackte Zwiebel und Frühlingszwiebeln darin glasig schwitzen. Champignons in Scheiben schneiden, Tomaten häuten und würfeln, Weintrauben entkernen und Oliven bereitstellen. Würstchen in dünne Scheiben schneiden und alles vorsichtig vermischen. Teig in 4 Teile teilen und auf bemehlter Fläche ausrollen. Teigplatten je zur Hälfte mit Zutaten belegen, mit Oregano bestreuen, pfeffern und salzen. Käse in Scheiben auf die Füllung geben, Teighälfte zuklappen und Ränder festdrücken. Im vorgeheizten Backofen bei 200 °C ca. 20 Minuten backen.

Hefeteig

500 g Mehl
40 g Hefe
1/8 - 1/4 l Wasser
1 TL Zucker
1 TL Salz
5 EL Öl

Alle Zutaten mit dem Handrührgerät zu einem glatten Teig verkneten, an einem warmen Ort gehen lassen, bis sich das Volumen deutlich vergrößert hat, nochmals durchkneten und nach Rezeptangabe weiterverarbeiten.

Steaks auf Kraut

1 Zwiebel
1 Knoblauchzehe
1 Lorbeerblatt
2 TL Thymian
8 kleine Wildschweinsteaks
(Filet, Lende oder Keule) à 75 g
Pfeffer
4 EL Öl
1 Dose Sauerkraut (580 g)
1/4 l Weißwein
1 kleine Dose Ananasscheiben
(140 g)
8 bis 10 blaue Weinbeeren
20 g Butter
Salz
1 TL Fleischextrakt
2 EL Crème fraîche

Zwiebel und Knoblauch schälen, zu feinen Scheiben schneiden, Lorbeerblatt zerbröseln. Die Hälfte in eine Schüssel legen, 1 TL Thymian darüber streuen. Fleisch pfeffern, mit Öl bepinseln, auf die Zwiebel-Knoblauch-Mischung legen; restliche Zwiebel-Knoblauch-Scheiben, Lorbeerbrösel und Thymian darüber verteilen, mit Folie bedeckt 2 bis 3 Tage im Kühlschrank marinieren. Sauerkraut mit 1/8 l Wein und dem Saft aus der Ananasdose 15 Minuten dünsten. Weinbeeren halbieren, entkernen und dazugeben, 15 Minuten dünsten. Lendenscheiben aus der Marinade nehmen, in beschichteter Pfanne 1 bis 2 Minuten braten, heraus nehmen, warm stellen. Bratfond mit restlichem Wein ablösen, Fleischextrakt und Crème fraîche darunter rühren, aufkochen, mit Salz und Pfeffer abschmecken. Ananasscheiben auf beiden Seiten in der Butter anbraten. Zum Sauerkraut geben, mit Sauce, Fleisch und Kartoffelpüree auftragen. Tipp: Nach diesem Rezept können Sie statt Wildschwein auch Rinder-, Puten- oder normale Schweinesteaks zubereiten.

Feuriger Gemüsetopf

1 1/2 l Fleischbrühe
125 g Reis
300 g Debrecziner oder
Kolbasz
1 Paket junges Sommergemüse
(300 g, tiefgekühlt)
1 Paket Suppengemüse (450 g,
tiefgekühlt)
Salz
Edelsüßpaprika
Tabascosauce
Zwiebelpulver
2 Tütchen geriebener
Parmesan (80 g)

Reis in der Brühe 10 Minuten kochen. Debrecziner oder Kolbasz zu Scheiben schneiden, mit dem Gemüse zur Brühe geben, alles gar kochen. Mit Salz, Paprika, Tabasco und Zwiebelpulver würzen. Vor dem Auftragen Parmesan darüber streuen.

Puszta-Gulyás

1 - 2 große Zwiebeln
75 g Schweineschmalz
1 EL edelsüßes Paprikapulver
750 g leicht durchwachsenes
Schweinefleisch
Salz
frisch gemahlener Pfeffer
etwas Kümmel
50 g Karotten
2 - 2 1/2 l Wasser
750 g Kartoffeln
1 große grüne Paprikaschote
1 gehäufter EL Tomatenmark
1 Bund Petersilie
Für die Nockerln:
200 g Mehl
1 - 2 Eier
1/2 TL Salz
wenn nötig, noch etwas Wasser

Zwiebelwürfel in Schweineschmalz andünsten, mit
Paprikapulver bestreuen (dabei vom Herd nehmen, damit
der Paprika nicht anbrennt). Das in kleine Würfel zerteilte
Fleisch zugeben, rundum bräunen lassen. Mit Salz, Pfeffer
und Kümmel bestreuen. Die geputzten, in Stifte geschnittenen
Karotten zugeben, mit Wasser angießen. Ca. 1 bis 1 1/2
Stunden schmoren. Die Kartoffeln schälen und würfeln, die
geputzte Paprikaschote klein schneiden. Mit dem Tomatenmark
unterrühren, nachwürzen und noch 30 Minuten kochen lassen.
Mehl, Eier, Salz und Wasser nach Bedarf zu einem dicken Teig
verrühren. 5 Minuten vor dem Servieren über einen Tellerrand
mit dem Messer kleine Nockerln (Spätzle) in die kochende
Suppe schaben. Mit gehackter Petersilie bestreut servieren.

Gerichte mit Rindfleisch

Zwiebelgulasch

1 kg kleine Zwiebeln
3 Knoblauchzehen
1 Zwiebel
8 Tomaten
3 EL Olivenöl
1 kg Rindergulasch
Salz
Pfeffer
3/8 l Rotwein
2 EL Tomatenmark
2 Lorbeerblätter
Majoran

1 kg kleine Zwiebeln schälen und 6 Stunden wässern. Wasser gelegentlich wechseln. 3 Knoblauchzehen und 1 Zwiebel fein würfeln. 4 Tomaten kreuzweise einschneiden, überbrühen, Haut abziehen. 4 Tomaten vierteln, entkernen und würfeln. 3 EL Olivenöl in einem Topf erhitzen und 1 kg Rindergulasch darin anbraten. Gehackte Zwiebel, Knoblauch und Tomaten zugeben und kurz mit andünsten. Würzen. 3/8 l Rotwein, 2 EL Tomatenmark unterrühren und 2 Lorbeerblätter sowie einige Stiele Majoran zufügen. Ganze Zwiebeln abtropfen lassen und zum Gulasch geben. Zugedeckt bei schwacher Hitze ca. 1 1/2 Stunden schmoren lassen. Dazu passen gebackene Kartoffeln.

Ochsenbrust mit Meerrettich

1 kg Ochsenbrust
1 Bund Suppengrün
1 mittelgroße Zwiebel
1 Stück frischer Meerrettich (75 g)
40 g Butter oder Margarine
30 g Mehl
Salz
weißer Pfeffer
1/2 Becher Crème fraîche
1/2 Bund glatte Petersilie

Fleisch waschen, 2 l Salzwasser zum Kochen bringen. Fleisch hinein geben und bei mittlerer Hitze ca. 2 Stunden garen. Suppengrün putzen, waschen und grob zerkleinern, Zwiebel schälen und halbieren. Gemüse und Zwiebel zum Fleisch geben. Meerrettich schälen und fein raspeln. 1/2 l Brühe vom Fleisch abmessen. Fett erhitzen, Mehl darin anschwitzen und mit der Brühe ablöschen. Unter Rühren aufkochen lassen. Meerrettich zugeben und mit Salz und Pfeffer abschmecken. Mit Crème fraîche verfeinern. Petersilie waschen, trockentupfen und fein hacken. Fleisch herausnehmen und in Scheiben schneiden. Mit Bratkartoffeln und etwas Meerrettich-Soße auf einer Platte anrichten.

Überbackene Ochsenbeinscheiben

1 Bund Suppengrün
1 kg Ochsenbein
in 4 Scheiben
70 g Butter oder Margarine
1 l klare Brühe
1 Wirsingkohl (ca. 750 g)
2 Zwiebeln
200 g Champignons
100 g Frühstücksspeck
1 EL Mehl
1/2 Becher Schlagsahne
2 Eigelb
Salz
weißer Pfeffer
1 Dose Schwarzwurzeln
(425 ml)
3 Markknochen
1 Bund Petersilie
3 EL Paniermehl
4 EL Weißwein
1 EL Zucker
750 g Möhren

Suppengrün putzen, waschen und klein schneiden. Ochsenbeinscheiben waschen, trockentupfen und den Rand etwas einschneiden. 30 g Fett erhitzen und das Suppengrün darin anrösten. Fleisch zufügen, kurz anbraten, dann mit Brühe ablöschen und ca. 2 Stunden köcheln lassen. Vom Wirsing die äußeren Blätter entfernen und den Strunk herausschneiden. Wirsing kurz blanchieren. 8 Blätter ablösen und beiseite legen, restlichen Kohl in feine Streifen schneiden. Zwiebeln schälen und fein würfeln. Champignons putzen, waschen und fein hacken. In 20 g heißem Fett dünsten, bis alle Flüssigkeit verdampft ist. 2/3 des Frühstücksspecks in kleine Streifen schneiden und mit den Wirsingstreifen zu den Pilzen geben. Mehl darüber streuen und einrühren. Sahne zufügen und kurz aufkochen lassen. Eigelb in die nicht mehr kochende Soße rühren. Mit Salz und Pfeffer abschmecken. Pilz-Wirsing-Masse in die Wirsingblätter wickeln, zusammenbinden. Schwarzwurzeln in 4 Portionen teilen und mit dem restlichen Speck umwickeln. Mark aus den Knochen lösen. Petersilie waschen, hacken und 2/3 zum Mark geben. Paniermehl zufügen. Mit Weißwein verrühren und mit Salz und Pfeffer würzen. Ochsenbeinscheiben abkühlen lassen, in eine Auflaufform legen und so viel Brühe angießen, dass das Fleisch fast bedeckt ist. Markpaste auf das Fleisch streichen. Wirsingrollen und Schwarzwurzelpäckchen dazugeben und alles im vorgeheizten Backofen (E-Herd 200 °C) ca. 40 Minuten backen. Inzwischen die Möhren putzen und in Scheiben schneiden. Restliches Fett und Zucker in einem Topf erhitzen, bis sich der Zucker gelöst hat und goldgelb wird. Dann mit etwas Wasser ablöschen. Möhrenscheiben zufügen und ca. 10 Minuten darin dünsten. Zum Schluss in die Auflaufform geben und mit Petersilie bestreuen.

Südländischer Schmorbraten

1 kg Schulterstück vom
Ochsen (Falsches Filet)
1/2 TL Salz
schwarzer Pfeffer aus der
Mühle
100 g Bacon (dünne
Scheiben durchwachsener
Räucherspeck)
1 EL Öl
1 Zwiebel
1 Knoblauchzehe
1 Packung Suppengrün
(50 g, tiefgekühlt)
1/2 TL getrockneter Thymian
1 EL Tomatenmark
1/8 l Rotwein
1 gestrichener EL Speisestärke
1 Becher saure Sahne (200 g)
etwas Zucker
Für das Gemüse:
250 g Zwiebeln
2 EL Öl
1 Packung grüne Bohnen
(300 g, tiefgekühlt)
1/4 TL Salz
weißer Pfeffer
1/2 TL getrocknetes
Bohnenkraut
1 Bund Petersilie

Fleisch mit Salz und Pfeffer einreiben. Von beiden Seiten mit
Speckscheiben belegen und mit Holzspießchen feststecken. Den
Braten mit Küchengarn rund binden, Hölzchen entfernen. Öl
im Schmortopf erhitzen, Fleisch darin rundum braun anbraten.
Zwiebel schälen, würfeln. Knoblauchzehe schälen und halbieren.
Suppengrün, Zwiebel, Knoblauch und Thymian neben dem
Fleisch andünsten. Tomatenmark, Rotwein und 1/8 l Wasser
hinzufügen. Den Braten abgedeckt bei schwacher Hitze 2 bis 3
Stunden schmoren lassen, bis sich das Fleisch ohne spürbaren
Widerstand mit einer Messerspitze einstechen lässt. Während
der Bratzeit nach und nach weitere 1/8 l Wasser zugießen. Den
fertigen Braten auf einer Platte mit Alufolie warm halten. Soße
durchsieben. Gemüse gut ausdrücken. Eventuell mit Wasser auf
1/4 l Flüssigkeit ergänzen. Speisestärke mit Sahne verrühren,
zur Soße geben, einmal aufkochen lassen. Die Soße mit Zucker
abschmecken, extra zum Braten reichen. Für das Gemüse
Zwiebeln schälen, vierteln, auseinander blättern. Öl erhitzen,
Zwiebeln und Bohnen hinzufügen, mit Salz und Pfeffer und
Bohnenkraut würzen. Abgedeckt bei schwacher Hitze ca. 20
Minuten dünsten. Petersilie waschen, hacken und untermischen.

Bohneneintopf Chili con Carne

3 Zwiebeln
2 Knoblauchzehen
3 EL Öl
750 g Rinderhackfleisch
2 rote Peperoni
Salz, Pfeffer
1 EL Tomatenmark
1/4 l klare Brühe
1 Dose rote Kidneybohnen
(810 g)

Zwiebeln und Knoblauch schälen, würfeln und in heißem Öl anbraten. Hackfleisch zufügen und anbraten. Peperoni waschen, halbieren, entkernen und in dünne Streifen schneiden. Peperoni, Salz, Pfeffer, Tomatenmark und abgetropfte Bohnen zum Fleisch geben. Brühe angießen und alles 30 Minuten bei mittlerer Hitze schmoren lassen. Wer mag, kann den Eintopf mit saurer Sahne verfeinern.

Bohneneintopf Chili con Carne

Ochsenschwanz-Ragout

500 g Zwiebeln
75 g geräucherter
durchwachsener Speck
4 EL Öl
1 Ochsenschwanz
Salz
Pfeffer aus der Mühle
1/4 l Rotwein
400 g Möhren
1 - 2 EL Mehl
1 Bund Lauchzwiebeln

Zwiebeln schälen und achteln. Speck in Streifen schneiden. Öl im Schmortopf erhitzen, Speck knusprig darin ausbraten und wieder herausnehmen. Fleisch und Zwiebeln portionsweise anbraten. Mit Salz und Pfeffer und 1/2 l Wasser ablöschen. Mit Deckel ca. 1 1/2 Stunden schmoren lassen. Danach lässt sich das Fleisch leicht vom Knochen lösen. Möhren schälen, in Scheiben schneiden und 15 Minuten vor Ende der Garzeit zum Fleisch geben. Mehl in wenig Wasser glatt rühren und das Ragout damit binden. Mit Salz und Pfeffer abschmecken. Lauchzwiebeln putzen, waschen, in Ringe schneiden und in kochendem Salzwasser 3 Minuten garen. Abtropfen lassen und über das Fleisch geben.

Filetsteak mit Apfelgemüse

8 cl Calvados
1 EL Honig
Salz
Pfeffer
4 Filetsteaks (à 200 g)
3 Äpfel
200 g weiße Zwiebeln
100 g durchwachsener
geräucherter Speck
100 ml naturtrüber Apfelsaft
3 EL Butterschmalz
1 Becher Crème fraîche
(150 g)

Calvados, Honig, Salz und Pfeffer verrühren, Filetsteaks damit bestreichen und 1 Stunde ziehen lassen. Geschälte, entkernte Äpfel in Spalten schneiden, Zwiebeln achteln. Speck halbieren und in einer Pfanne auslassen, herausnehmen. Im Speckfett Äpfel und Zwiebeln anbraten und mit Apfelsaft ablöschen. Steaks aus der Marinade nehmen und trockentupfen, im heißen Butterschmalz von jeder Seite 3 bis 4 Minuten braten. Warm stellen. Bratenfond mit Crème fraîche auffüllen, etwas einkochen lassen und mit der restlichen Marinade abschmecken. Apfelgemüse und Speck unter die Soße rühren. Steaks vor dem Servieren mit Pfeffer bestreuen.

Paprika-Spießchen

180 g Rinderhüfte
(abgehangen)
1 grüne Paprikaschote
1 Zwiebel
30 g magerer Speck
eingelegte grüne Pfefferkörner
Salz
frisch gemahlener Pfeffer
Öl
Margarine
1 EL Cognac
1/2 Tasse Sahne

Fleisch in etwa 2 cm große Stücke schneiden; Paprikaschote halbieren, putzen, waschen; in 2 cm große Stücke schneiden, ebenso den Speck. Zwiebel halbieren und die Häute bis in die Mitte trennen. In 2 cm große Stücke schneiden. Rest fein hacken. Alles außer Zwiebelhack abwechselnd auf Spießchen stecken, salzen und pfeffern, mit dem Handballen leicht flach drücken; in wenig heißem Öl pro Seite 2 bis 3 Minuten braten. Herausnehmen, Margarine im Bratensatz erhitzen, Zwiebelhack darin goldbraun anbraten. Mit Schneebesen umrühren, mit Cognac ablöschen, grünen Pfeffer und Sahne dazugeben. Das Ganze unter Rühren kochen, bis die Soße leicht sämig ist. Spießchen dazugeben, aufkochen. Als Beilage Reis oder, wenn es schnell gehen soll, Baguette.

Rindfleisch-Eintopf

500 g Rindfleisch
375 g Zwiebeln
150 g geräucherter
durchwachsener Speck
2 EL Öl
Salz
schwarzer Pfeffer aus der
Mühle
Edelsüß-Paprika
1 Packung passierte Tomaten
(500 g)
1/4 l Rotwein
1/4 l klare Brühe
2 grüne Paprikaschoten

Fleisch waschen, trockentupfen und in Streifen schneiden. Geschälte Zwiebeln halbieren und in Ringe schneiden. Den Speck würfeln. Öl in einem Topf erhitzen und das Fleisch darin anbraten. Speck und Zwiebeln zugeben und ebenfalls anbraten. Mit Salz, Pfeffer und Paprika würzen. Tomaten, Wein und Brühe zugießen. Alles aufkochen lassen und bei mittlerer Hitze 1 Stunde garen. Paprika putzen, waschen, in Würfel schneiden und 15 Minuten vor Ende der Garzeit zum Eintopf geben. Vor dem Servieren nochmals kräftig abschmecken.

Sauerbraten mit Kartoffelklößen

Zum Einlegen:
1 kg Rindfleisch (geeignet
sind Falsche Lende,
Unterschalenrolle, Rindernuss,
dicke Bugstücke)
5 EL Essigessenz (25%) oder
7 - 8 EL Weinessig
1 gehäufter EL Salz
1 EL Pfefferkörner
3 Lorbeerblätter
1 gehäufter EL
Wacholderbeeren
1/2 TL Kümmel
1 Nelke
4 dicke Zwiebeln in groben
Scheiben
1/4 l Rotwein

Weitere Zutaten:
2 mittlere Zwiebeln
1/2 Tasse Öl
100 g Sellerieknolle
100 g Porree
100 g Karotten
1/8 l Rotwein
1 EL Tomatenmark
Speisestärke
Universalgewürzmischung

Für den Kartoffelkloß:
800 g mehligfestkochende
Kartoffeln
2 Eier
100 g Mehl
Salz
1 Prise Muskat
1 TL Majoran

Fleischstück so zuschneiden lassen, dass man nach dem
Schmoren schöne Scheiben davon abschneiden kann. Alle oben
aufgeführten Zutaten mit 3/4 l abgekochtem, kaltem Wasser
gut verrühren. Rindfleisch einlegen (es muss von der Beize gut
bedeckt sein), das Gefäß zudecken, Zettel mit Einlegedatum
darauf kleben und für 8 bis 10 Tage in das Gemüsefach des
Kühlschranks stellen (Temperatur etwa 8 °C).

Das eingelegte Fleisch aus der Beize nehmen, gut abtropfen
lassen. Öl erhitzen, Fleisch darin scharf anbraten, bis es
dunkelbraun ist. Zwiebeln schälen und zu groben Würfeln
schneiden. Im Bratensatz und verbliebenen Fett dunkelbraun
anbraten, Tomatenmark dazugeben, kurz mitschwitzen lassen,
Beize aufgießen. Bratensatz vom Boden lösen, Fleisch dazugeben
und in 1 1/2 bis 2 Stunden gar kochen. Herausnehmen, Soße
durch ein feines Sieb gießen. Sellerie, Porree und Karotten
waschen. Zu streichholzgroßen Streifen schneiden. 5 Minuten
in der Soße kochen, so dass sie noch einen Biss haben.
Speisestärke mit etwas kaltem Wasser verquirlen, in die Soße
rühren, aufkochen. Mit Rotwein und Universalwürzmischung
abschmecken. Fleisch gegen die Faser zu dünnen Scheiben
schneiden (sie sind beim fertigen Sauerbraten deutlich zu
erkennen).

Die beste Beilage ist ein selbstgemachter Kartoffelkloß.
Kartoffeln am Vortage gut waschen, gar kochen. Dann schälen,
durch den Fleischwolf drehen oder durch die Püreepresse
drücken. Eier, Mehl, Salz, Muskat und Majoran dazugeben,
alles gut verkneten. Zu mittelgroßen Knödeln formen, in Mehl
wälzen. In kochendes Salzwasser geben, in etwa 20 Minuten
gar ziehen lassen. Beim Servieren einen Teelöffel Preiselbeeren
auf die Teller geben, damit sich das Süße mit dem Säuerlichen
der Soße verbindet. Außerdem passt ein süßsauer angemachter
Kräuter-Kopfsalat dazu.

T-Bone-Steak mit Grilltomate

2 T-Bone-Steaks
(à 600 - 700 g)
2 EL Öl
Salz
schwarzer Pfeffer aus der
Mühle
2 Fleischtomaten
1 EL Butter
1/2 Bund Petersilie
1 EL Paniermehl

Steaks waschen, trockentupfen und von jeder Seite mit Öl
bestreichen. Unter dem vorgeheizten Grill insgesamt 15 bis 20
Minuten grillen. Zwischendurch mehrmals wenden. Oder in der
Pfanne bei starker Hitze kurz anbraten. Dann bei mittlerer Hitze
von jeder Seite 8 Minuten braten. Mit Salz und Pfeffer würzen.
Tomaten waagerecht halbieren. Butter, Salz, Pfeffer, gehackte
Petersilie und Paniermehl darauf geben. Unter dem Grill 5
Minuten überbacken und zu den Steaks servieren.

Chateaubriand

1 gut abgehangenes Filetstück
von 400 g (aus der Mitte des
Filets geschnitten)
30 g Butter
Salz
weißer Pfeffer
1/2 Tasse heiße Fleischbrühe
1 EL grüne Pfefferkörner
4 cl Cognac

Das Filet waschen, trockentupfen und in der Butter bei starker
Hitze rundum anbraten. Die Hitze reduzieren und das Filet
auf jeder Seite 7 Minuten braten. Salzen und pfeffern und
4 Minuten ruhen lassen, damit sich der Saft sammeln kann.
Den Fond mit der Fleischbrühe loskochen, den grünen Pfeffer
zugeben und nochmals abschmecken. Das Chateaubriand
auf einer vorgewärmten Platte anrichten, mit dem erwärmten
Cognac übergießen, anzünden und ausbrennen lassen. Dazu
grüne Bohnen, gedünstete Zucchini- und Tomatenscheiben,
Kartoffelkroketten und Kräuterbutter reichen.

Flambierte Steaks

8 kleine Scheiben Rinderfilet
à 80 g
Salz, Pfeffer
75 g Butter
2 cl Cognac
1 gehäufter EL eingelegte
grüne Pfefferkörner
1/8 l Sahne
1/8 l Bratensaft

Filets salzen und pfeffern. In 50 g Butter je nach Dicke pro Seite
1 bis 2 Minuten braten. Mit Cognac flambieren, herausnehmen,
warm stellen. Pfefferkörner und Sahne in den Bratensatz rühren,
auf die Hälfte einkochen. Bratensaft dazugeben, nochmals
einkochen, restliche Butter mit dem Schneebesen flöckchenweise
darunter schlagen. Mit Pommes frites und Gemüse (Erbsen,
Karotten, Zucchini) zu den Steaks servieren.

Gebratenes Rinderfilet mit verschiedenen Saucen

Gebratenes Rinderfilet:
750 g Rinderfilet
Butterschmalz
Salz
Pfeffer
Grüne Pfeffersoße:
1/4 l Rinderfond
150 g Crème fraîche
1 EL grüner Pfeffer (eingelegt)
Salz
Madeira nach Geschmack
Portugiesische Soße:
1 mittelgroße Zwiebel
1 EL Öl
1 kleine zerdrückte
Knoblauchzehe
500 g Tomaten geschält,
entkernt und klein gewürfelt
10 ml Weißwein
gehackte Petersilie
Salz
Paprika nach Geschmack
1 Glas Portwein
Provenzalische Soße:
5 Tomaten
8 cl Olivenöl
1 zerdrücke Knoblauchzehe
1 TL Kräuter der Provence
Salz
Pfeffer

Das Rinderfilet mit Salz und Pfeffer einreiben, in heißem Butterschmalz anbraten und in der Kasserolle im Ofen 25 Minuten rosa braten. Warmstellen und ca. 10 Minuten ruhen lassen. Vor dem Servieren aufschneiden.

Für die grüne Pfeffersoße den Rinderfond zum Kochen bringen. Crème fraîche und Pfefferkörner dazugeben und 25 Minuten köcheln lassen. Mit Salz und Madeira abschmecken.

Für die Portugiesische Soße Zwiebel klein hacken und in Öl gut anschwitzen. Die Tomaten und den Knoblauch hinzugeben, köcheln lassen. Mit dem Weißwein ablöschen, würzen und stark einkochen. 5 bis 10 Minuten köcheln lassen und mit Portwein, Salz und Paprika abschmecken, mit gehackter Petersilie bestreuen.

Für die Provenzalische Soße die Tomaten schälen, entkernen und grob hacken, dann in das heiße Öl geben. Den Knoblauch hinzugeben, salzen und pfeffern, alles langsam zerschmelzen lassen. Die Kräuter der Provence zugeben.

Gebratenes Rinderfilet mit verschiedenen Saucen

Ochsenhüfte mit Thüringer Klößen

1 kg Ochsenhüftstück
Salz
Pfeffer
Paprika
40 g Fett zum Braten
4 Möhren
1 Sellerieknolle
2 Stangen Lauch
2 Zwiebeln
2 EL Tomatenmark
2 Lorbeerblätter
3 g Gewürzkörner
1/8 l Brühe
1/2 Becher saure Sahne
2 EL Mehl
Zucker
Für die Klöße:
1200 g Kartoffeln
1 TL Salz
1 Prise Muskat
1 Tasse kochende Milch
120 g Weißbrotwürfel
50 g Butter

Fleisch mit den Gewürzen einreiben und im erhitzten Fett rundherum braun braten. Suppengemüse in Stücke schneiden, die Hälfte zum Fleisch geben und mitschmoren. Tomatenmark unterrühren. Mit 1 Tasse Wasser ablösen und die Flüssigkeit 10 bis 15 Minuten einkochen lassen. Rund 1/2 l Wasser zugießen, Lorbeerblätter und zerstoßene Gewürzkörner zugeben und alles etwa 1 1/2 Stunden im geschlossenen Topf schmoren. In der Zwischenzeit restliches Gemüse in der Brühe rund 10 Minuten garen, mit Salz und Pfeffer abschmecken. Das Fleisch herausnehmen und warm stellen. Sahne mit Mehl verrühren. Den Fleischfond durch ein Sieb gießen, Sahne-Mehl-Gemisch einrühren und aufkochen lassen. Mit Salz, Pfeffer und Zucker abschmecken. Für die Klöße Kartoffeln schälen, 1/3 davon in Salzwasser garen, die restlichen reiben, im Küchentuch auspressen und in eine Schüssel geben. Die gekochten Kartoffeln durch eine Presse drücken, mit kochender Milch übergießen und über die rohen Kartoffeln geben, mit Salz würzen und durchkneten. Die Brotwürfel in Butter goldgelb rösten. Jeweils etwas von der Kartoffelmasse nehmen, flach drücken, mit Brotwürfeln belegen und zu Klößen formen. In mäßig kochendem Salzwasser zugedeckt rund 15 Minuten gar ziehen lassen. Fleisch in Scheiben schneiden und mit den Klößen, dem Gemüse und der Soße auf Tellern anrichten.

Gurken mit Ochsenbein

600 g Ochsenbein
1 EL Öl
1/2 l Fleischbrühe
Salz
Pfeffer
2 Salatgurken
200 g Möhren
1 Becher Crème fraîche
(150 g)
1 Bund Dill

Ochsenbein im Schmortopf in heißem Öl anbraten. Mit Brühe auffüllen, aufkochen, salzen, pfeffern und ca. 90 Minuten schmoren. Salatgurken in 2 cm breite Halbmonde schneiden. Möhren putzen, waschen, in Scheiben schneiden. Gurken und Möhrenscheiben 20 Minuten vor Ende der Garzeit mit Crème fraîche zum Ochsenbein geben. Fleisch herausheben, vom Knochen lösen, in Stücke schneiden, wieder zum Gemüse geben. Zum Schluss abschmecken und mit geschnittenem Dill bestreuen. Dazu schmecken Pellkartoffeln besonders gut.

Hüftsteak mit Bohnengemüse

300 g tiefgefrorene Bohnen
Salz
2 Zwiebeln
2 EL Öl
425 g geschälte Tomaten aus
der Dose
1/2 TL getrocknetes Basilikum
weißer Pfeffer
375 g Champignons
2 Schalotten
4 Hüftsteaks (à 250 g)
3 EL Öl
Salz
weißer Pfeffer
20 g Butter oder Margarine
1/8 Liter Fleischbrühe
1/8 Liter trockener Rotwein
1 EL Tomatenmark
1/2 TL getrockneter Kerbel
1 EL Mehl

Bohnen in Salzwasser 15 Minuten garen, abgießen. Zwiebeln in Würfel schneiden und im Fett andünsten. Tomaten zufügen und alles 10 Minuten einkochen lassen. Basilikum unterrühren, mit Salz und Pfeffer würzen. Bohnen zufügen und alles weitere 5 Minuten garen. Champignons in Scheiben schneiden, Schalotten fein würfeln. Fleisch waschen, trockentupfen. Öl in einer Pfanne erhitzen und die Steaks darin von jeder Seite 3 bis 4 Minuten braten, heraus nehmen, mit Salz und Pfeffer würzen und warm stellen. Fett in die Pfanne geben, Pilze und Schalotten zufügen und 8 Minuten unter Wenden dünsten. Zum Schluss mit Salz und Pfeffer würzen und zu den Steaks geben. Fleischbrühe und Rotwein in die Pfanne gießen, Tomatenmark zufügen und unter Rühren aufkochen lassen. Kerbel zufügen. Mehl mit wenig Wasser glatt rühren, in die Soße rühren und aufkochen lassen. Mit Salz und Pfeffer abschmecken. Bohnengemüse getrennt zu den Steaks und Champignons reichen.

Rumpsteak mit Butterböhnchen und Grilltomate

4 Rumpsteaks
Salz
Pfeffer
Pflanzenfett zum Braten
1 TL grüner Pfeffer
1 Gemüsezwiebel
500 g grüne Bohnen
2 EL Butter
Muskat
4 Tomaten
1 EL gehackte Petersilie

Steaks mit Salz und Pfeffer würzen und in erhitztem Fett von jeder Seite ca. 4 Minuten braten. Aus der Pfanne nehmen und warm stellen. Im verbliebenen Pfannensatz den grünen Pfeffer und geschälte, in Ringe geschnittene Zwiebel schmoren. Geputzte Bohnen in Salzwasser ca. 15 Minuten garen, abgießen, in zerlassener Butter schwenken und mit Salz und Muskat abschmecken. Tomaten kreuzweise einschneiden, mit Salz und Pfeffer würzen und ca. 10 Minuten grillen oder bei 200 °C im Backofen überbacken. Gemüse mit Petersilie bestreut zum Rumpsteak mit Zwiebelringen servieren.

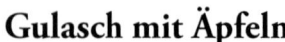

Gulasch mit Äpfeln

750 g Ochsenfleisch
(Schwanzstück)
250 g Zwiebeln
2 EL Bratfett
Pfeffer
Salz
Rosmarin
1/4 l heißes Wasser
3/8 l Apfelwein
3 Äpfel (450 g)
1/8 l süße Sahne
1 Prise Zimt

Das Fleisch in Würfel schneiden. Die Zwiebeln schälen und hacken. Fett in einem Schmortopf erhitzen, das Gulasch hinein geben und rundum kräftig anbraten. Mit Salz, Pfeffer und Rosmarin würzen. Die Zwiebeln hinzu fügen und ebenfalls braunen lassen. Alles mit heißem Wasser und Apfelwein ablöschen und zugedeckt ca. 70 Minuten schmoren. Die Äpfel schälen, in Spalten schneiden und entkernen. Die Hälfte der Apfelstücke 15 Minuten mitgaren, dann herausnehmen und pürieren. Kurz vor Ende der Garzeit zusammen mit den restlichen Äpfeln zum Gulasch geben. Mit Sahne und Zimt abschmecken.

Rindfleisch mit Zwiebelgemüse

1 kg Rindfleisch (Brustkern)
1 Bund Suppengrün
1 große Zwiebel
20 g Schweineschmalz
1 1/2 l Wasser
Salz
1 Lorbeerblatt
5 weiße Pfefferkörner
3 Wacholderbeeren
600 g kleine Zwiebeln
3 kleine grüne Paprikaschoten
4 Möhren
40 g Butter
1/4 l Weißwein
1 Kästchen Kresse
frisch gemahlener Pfeffer

Suppengrün putzen, waschen und klein schneiden, die große Zwiebel schälen und hacken. Schmalz in einem Topf erhitzen, das Gemüse hinein geben und rundum anbraten. Das Wasser zugießen, salzen, aufkochen und abschäumen. Das Fleisch hinein geben, Lorbeerblatt, Pfefferkörner und Wacholderbeeren zusetzen. Zugedeckt auf kleiner Flamme etwa 2 Stunden kochen lassen. Die kleinen Zwiebeln schälen, die Paprikaschoten putzen und in feine Streifen schneiden. Die Möhren säubern, waschen und in Stifte zerteilen. Butter in einem Topf zerlassen, Zwiebeln, Paprika und Möhren darin andünsten. Den Weißwein angießen, das Gemüse im geschlossenen Topf 20 Minuten bei geringer Hitze gar ziehen lassen und mit ein wenig Salz abschmecken. Das fertige Fleisch aus der Brühe nehmen, in Scheiben schneiden und fächerartig auf einer vorgewärmten Platte anrichten. Das Gemüse rundherum verteilen. Vor dem Servieren alles mit frisch gemahlenem Pfeffer bestreuen und mit Kresse garnieren.

Tafelspitz in leichter Senfsoße

1 kg Rinderschwanzstück
(Unterschale)
1 Stange Lauch
2 Möhren
1 Zwiebel
50 g Sellerie
Salz
einige Pfefferkörner
2 Lorbeerblätter
2 EL Senf
15 g Butter
35 g Mehl
3 Eigelb
1/8 l Sahne
Worcestersoße

Das Fleisch in heißem Wasser aufsetzen, so dass es gerade bedeckt ist, aufkochen und abschäumen. Das geputzte Gemüse und die Gewürze hinzufügen, alles im offenen Topf ca. 1 1/2 Stunden leise kochen lassen. 1/2 l Brühe in eine Kasserolle geben, den Senf und die mit dem Mehl verknetete Butter zusetzen und unter Rühren aufkochen. Die Soße mit Eigelb und Sahne legieren und mit Worcestersoße abschmecken. Das Fleisch in Scheiben schneiden. Dazu die Soße, Kartoffeln und junges Gemüse reichen.

Ochsenbein mit Meerrettich

800 g Ochsenbein
Salz
2 Lorbeerblätter
4 Nelken
6 Pfefferkörner
etwas Streuwürze
750 g kleine Kartoffeln
2 Möhren
2 Stangen Porree
1/2 Sellerieknolle
50 g Butter
1/4 l Milch
50 g geriebenes Weißbrot
Muskat
2 EL geriebener Meerrettich
1 Prise Zucker

Wasser mit Salz und Lorbeerblätter, Nelken, Pfefferkörnern und etwas Streuwürze aufkochen, das Fleisch hinein geben und etwa 2 Stunden garen. Die Kartoffeln schälen, das Gemüse putzen und grob zerkleinern. Alles nach 1 1/2 Stunden zum Fleisch geben und mitkochen. Für die Meerrettichsoße die Butter zerlassen. Milch, geriebenes Weißbrot und Meerrettich dazugeben, aufkochen, mit Muskat und Zucker abschmecken.

Roastbeef mit Gemüsesoße

1,2 kg Roastbeef
Salz
Pfeffer aus der Mühle
4 EL Öl
2 Möhren
1 Stange Porree
2 mittelgroße Zwiebeln
2 Becher Crème fraîche
(à 150 g)
2 - 3 EL geriebener
Meerrettich

Roastbeef mit Salz und Pfeffer einreiben. Öl auf der Fettpfanne des Backofens (E-Herd 200 °C / Gasherd-Stufe 3) erhitzen. Roastbeef darauf legen und 40 bis 45 Minuten braten. In der Zwischenzeit Gemüse putzen, waschen und fein würfeln. In wenig kochendes Salzwasser geben und 5 Minuten garen. Abtropfen lassen. Crème fraîche mit Meerrettich, Salz und Pfeffer abschmecken und das Gemüse zugeben. Roastbeef aus dem Ofen nehmen und etwas ruhen lassen. In Scheiben aufschneiden und mit der Gemüsesoße servieren. Dazu schmecken kleine Röstkartoffeln.

Gekochte Rinderbrust in Meerrettich-Kürbis-Soße

1 Bund Suppengrün
1 Zwiebel
1,2 kg Rinderbrust
1 EL schwarze Pfefferkörner
Salz
30 g Butter oder Margarine
30 g Mehl
750 g Kürbis
1/2 Becher Sahne (100 g)
3 EL geriebener Meerrettich
weißer Pfeffer

Geputztes Suppengrün grob zerkleinern. Zwiebel vierteln. Fleisch waschen. Suppengrün, Zwiebel, Fleisch und Pfefferkörner in 2 l kochendem Salzwasser etwa 2 Stunden bei mittlerer Hitze kochen lassen. Fleisch herausnehmen und die Brühe durch ein Sieb abgießen. Fett in einem Topf zerlassen. Mehl zugeben und durch schwitzen lassen. Mit 1/4 l Brühe ablöschen und einmal aufkochen lassen. Kürbis schälen, Kerne und weiches Fruchtfleisch heraus schaben. In kochendem Salzwasser 5 Minuten garen. Die Hälfte des Kürbis pürieren und mit der Sahne zur Soße geben. Mit Meerrettich, Salz und Pfeffer abschmecken. Fleisch in Scheiben schneiden. Restlichen Kürbis in Würfel schneiden und mit dem Fleisch auf einer Platte anrichten. Soße extra servieren.

Roastbeef mit Gemüsesoße

Gespickter Rinderbraten

1 kg Rinderbraten
100 g fetter Speck
2 EL Weinbrand
250 g frische Champignons
1/2 Bund Petersilie
3 Stängel Kerbel
3 Stängel Dill
30 g Bratfett
1/8 l heiße Fleischbrühe
1/8 l roter Burgunder
12 Schalotten oder
6 kleine Zwiebeln
Salz
weißer Pfeffer

Die Hälfte des Specks in 1/2 cm dicke Streifen schneiden, auf einen Teller legen und mit dem Weinbrand beträufeln. 30 Minuten zugedeckt ins Eisfach des Kühlschranks stellen. Das Fleisch unter kaltem Wasser abspülen und mit Küchenpapier trockentupfen. In Faserrichtung mit dem kalten Speck spicken. Die Champignons putzen und zusammen mit den Kräutern waschen und gut abtropfen lassen. Bratfett in einem Schmortopf erhitzen, das Fleisch hinein geben und rundum anbraten. 3 zerkleinerte Champignons und die gehackten Kräuter zugeben. Mit Fleischbrühe und Rotwein aufgießen. Im geschlossenen Topf 2 Stunden schmoren. Inzwischen den restlichen Speck würfeln und in einem Topf auslassen. Schalotten oder Zwiebeln schälen, vierteln, hinzufügen und unter Rühren anschwitzen. Champignons zusetzen, 2 Minuten anbraten. Das Fleisch aus der Kasserolle nehmen und zu den Pilzen geben. Mit dem durchgesiebten, abgeschmeckten Fond übergießen und weitere 15 Minuten schmoren. Auf einer Platte anrichten.

Rinderfilet am Bindfaden

800 g Rinderfilet
500 g Lauch
3 Möhren
1/4 Sellerieknolle
2 Tomaten
1 Zwiebel
2 Gewürznelken
1 Stängel Estragon
1 Zweig Thymian
2 Stängel Petersilie
1 1/2 l Salzwasser
Schnittlauchröllchen

Das Fleisch wie einen Rollbraten schnüren, an einem Ende eine 5 cm lange Bindfadenschlaufe befestigen. Die hellen Lauchstücke waschen und in Scheiben schneiden, Möhren und Sellerie schälen und in Stifte zerteilen. Tomaten häuten und vierteln. Die Zwiebel mit den Nelken spicken, die Kräuterstängel zusammenbinden. Gemüse und Kräuter in sprudelndes Salzwasser geben und zugedeckt 30 Minuten kochen. Dann die Zwiebel und die Kräuter entfernen, das Gemüse herausnehmen und warm stellen. Das Fleisch an einem Kochlöffel hängend in die Brühe geben, zugedeckt 20 Minuten kochen. Anschließend herausnehmen, ebenfalls warm stellen. Die Brühe im offenen Topf einkochen lassen und mit Schnittlauch bestreuen. Fleisch und Gemüse auf einer Platte anrichten.

Rumpsteak à la Weinhändler

4 Schalotten
15 g Butter
1/8 l Rotwein
1/4 Lorbeerblatt
1/2 Bund Petersilie
2 TL Fleischextrakt
150 g Butter
Zitronensaft
1 TL Mehl
Öl
4 Steaks
Salz
Pfeffer

Die Schalotten schälen, würfeln und in der Butter glasig braten. Rotwein, Lorbeerblatt und 1 Petersilienstängel zugeben, etwas einkochen lassen. Dann durch ein feines Sieb gießen. Den Fleischextrakt in etwas heißem Wasser auflösen und hinzufügen, alles noch einmal aufkochen und beiseite stellen. Die Butter schaumig rühren und mit etwas Zitronensaft, dem Mehl und gehackter Petersilie mischen. Die Steaks in erhitztem Öl von jeder Seite 3 bis 5 Minuten braten, dann salzen, pfeffern und auf einer Platte warmstellen. Die Weinsoße in die Pfanne geben und aufkochen, den Bratensatz dabei lösen. Vom Herd nehmen und die Petersilienbutter untermischen. Die Soße gesondert reichen.

Geschmortes Ochsenbein

4 Scheiben Ochsenbein
Salz
Pfeffer
1 Zwiebel
1 Knoblauchzehe
Bratfett
3/8 l Wasser
1/4 l Weißwein
250 g Möhren
250 g Sellerie
1 Paprikaschote
1/4 l Sahne
gehackte Petersilie

Die Beinscheiben würzen. Die Außenhaut ringsum mehrmals einschneiden. Zwiebel und Knoblauchzehe schälen, würfeln und in heißem Fett anbraten. Das Fleisch zugeben und bräunen lassen. Mit Wasser und Wein ablöschen und zugedeckt ca. 75 Minuten schmoren. Inzwischen das Gemüse putzen und in Streifen schneiden. Zusammen mit dem Fleisch weitere 30 Minuten garen. Die fertigen Scheiben herausnehmen und auf einer Platte anrichten. Die Soße mit der Sahne verfeinern, abschmecken und darüber gießen. Mit Petersilie bestreut servieren.

Ochsenfleisch mit grüner Sauce

900 g Ochsenbrust
1 l Wasser, Salz
1 Bund Suppengemüse
2 kleine Zwiebeln
1 Lorbeerblatt
5 weiße Pfefferkörner
2 Nelken
Für die Soße:
je 2 Stängel Estragon,
Liebstöckel, Borretsch,
Pimpernelle und
Zitronenmelisse
je 10 g Kerbel und
Sauerampfer
1/2 Bund Dill
1 Bund Schnittlauch
4 hartgekochte Eier
1 TL mittelscharfer Senf
1 EL frisch gepresster
Zitronensaft
Salz
1 Prise Zucker
weißer Pfeffer
6 EL Öl

Das Wasser mit dem Salz in einem großen Topf zum Kochen bringen. Dann das Fleisch hinein geben, aufkochen und abschäumen. Nun das geputzte und grob zerkleinerte Suppengemüse, die geschälten und klein geschnittenen Zwiebeln, Lorbeerblatt, Pfefferkörner und Nelken hinzufügen. Alles zugedeckt bei mittlerer Hitze etwa 90 bis 100 Minuten kochen lassen. In der Zwischenzeit für die Soße die Kräuter unter fließendem kalten Wasser abspülen, mit Küchenpapier trockentupfen und fein hacken. Die gekochten Eier schälen und in kleine Würfel schneiden. Den Senf mit Zitronensaft, Salz, Zucker und Pfeffer in einer kleinen Schüssel verrühren. Tropfenweise Öl zugeben. Zum Schluss die gehackten Kräuter und die zerkleinerten Eier unterheben. Das fertige Fleisch aus der Brühe nehmen und in fingerdicke Scheiben schneiden. Diese auf einer vorgewärmten Platte anrichten und mit ein wenig Gemüse garnieren. Etwas durchgeseihte Brühe darüber geben, damit das Fleisch nicht trocken wird.

Kohlrabi-Eintopf

1 kleine Zwiebel
1 Lorbeerblatt
etwas Thymian
3 Gewürz- und 5 Pfefferkörner
250 g Rindfleisch
1 große Kohlrabiknolle
30 - 40 g Reis
Salz
weißer Pfeffer

Zwiebel, Lorbeerblatt, Thymian, Gewürz- und Pfefferkörner in 1 1/2 l Wasser geben, aufkochen. Fleisch hinein legen und gar sieden, heraus nehmen. Brühe durchs Sieb gießen. Blätter von den Kohlrabistielen streifen und 5 Minuten in kochendes Wasser geben. Abtropfen lassen und pürieren. Die Knolle schälen, zu Würfeln schneiden und mit dem Reis zur Brühe geben. Beides in etwa 25 Minuten gar kochen, nach 15 Minuten das Kohlrabiblätter-Püree dazugeben. Fleisch würfeln und zur Suppe geben, mit Salz und Pfeffer abschmecken.

Eintopf aus grünen Bohnen mit Rindfleisch

400 g grüne Stangenbohnen
400 g Tomaten
400 g Kartoffeln
250 g Zwiebeln
400 g Rindfleisch
2 EL Schmalz
1/4 l heiße Fleischbrühe
Salz
Pfeffer
Bohnenkraut
1 kleine Dose Tomatenmark
1/2 Bund Petersilie
einige Rosmarinnadeln

Die Bohnen putzen und in 3 cm lange Stücke schneiden. Die Tomaten häuten und vierteln. Kartoffeln und Zwiebeln schälen und würfeln. Das Rindfleisch in mundgerechte Stücke schneiden. Das Schmalz erhitzen, die Zwiebeln darin glasig dünsten. Die Fleischwürfel hinzufügen und anbraten. Dann das Gemüse zusetzen, mit der Brühe aufgießen. Mit Salz, Pfeffer, Bohnenkraut und Tomatenmark würzen. Bei mittlerer Hitze 60 Minuten garen. Kurz vor Ende der Garzeit gehackte Petersilie und Rosmarin einstreuen.

Gemüse-Eintopf

750 g Rinderbrust
1 kleine Beinscheibe (300 g)
3 Markknochen
2 l Wasser
Salz
1 Lorbeerblatt
1 Nelke
4 Gewürzkörner
1 Zwiebel
500 g Kartoffeln
2 Pakete Suppengemüse
(à 300 g, tiefgekühlt)
2 EL Tomatenmark
Pfeffer
geriebene Muskatnuss

Fleisch und Knochen unter kaltem Wasser abspülen. Die Knochen in einen großen Topf geben, Wasser und Salz hinzufügen, zum Kochen bringen. Das Fleisch zusetzen, 5 Minuten kochen, abschäumen. Dann die Gewürze und die grob zerkleinerte Zwiebel zugeben. 80 Minuten bei mittlerer Hitze zugedeckt garen. Dann die Brühe durch ein Sieb gießen, Fleisch und Knochen auffangen. Die geschälten, klein geschnittenen Kartoffeln 20 Minuten in der Brühe kochen lassen. Nach 5 Minuten das unaufgetaute Gemüse und das in mundgerechte Würfel zerteilte Fleisch unterheben. Vor dem Servieren die Suppe mit dem Tomatenmark, Salz, Pfeffer und geriebener Muskatnuss abschmecken. Als Beilage frisches Brot.

Gulasch italienisch

150 - 200 g fetten Speck
500 g Rindergulasch in nicht
zu großen Stücken
1 kg Tomaten
Salz
Pfeffer
1 gehackte Knoblauchzehe
1/8 l Dosenmilch oder Sahne
Mehl
1 EL Edelsüßpaprika

Speck in kleine Würfel schneiden, auslassen. Das Rindergulasch dazugeben und ringsum anbraten. Die Tomaten kurz in kochendes Wasser tauchen, schälen, in Stücke schneiden und zum vorbereiteten Fleisch geben, salzen und pfeffern. Zugedeckt gar dünsten, die gehackte Knoblauchzehe darunter rühren. Dosenmilch oder Sahne mit Mehl verquirlen, unter das Fleisch rühren; dann den Paprika darunter mischen, nach Wunsch noch einige Minuten kochen lassen. Dazu reiche man Spaghetti und grünen Salat oder Gurken-, Sellerie oder Bohnensalat.

Sauerbraten mit Klößen und Backobst

1 kg ausgelöste Rinderschulter
1/2 l Rotweinessig
1/4 l Wasser
2 Lorbeerblätter
4 Wacholderbeeren
5 schwarze Pfefferkörner
1 EL Salz
4 EL Öl
1/4 l trockener Rotwein
50 g Rosinen
250 g gemischtes Backobst
1/4 l Apfelwein
1/2 Zimtstange
1/2 Glas Crème fraîche
1 TL Mehl

Den Rotweinessig mit Wasser, Lorbeerblättern, Wacholderbeeren und Pfefferkörnern aufkochen und erkalten lassen. Das Rindfleisch in ein entsprechend großes Gefäß legen und mit der kalten Beize übergießen. Im Kühlschrank 4 bis 5 Tage ziehen lassen, dabei öfters wenden. Den Braten aus der Beize nehmen, mit Küchenkrepp trockentupfen und rundum kräftig mit Salz einreiben. Das Öl in einer Kasserolle erhitzen, das Fleisch von allen Seiten anbraten. 1/4 l Beize mit dem Rotwein erwärmen, den Braten damit aufgießen. 70 bis 80 Minuten schmoren. Die Rosinen 10 Minuten in Rotwein einlegen. Das Backobst in Apfelwein einweichen, kurz vor dem Servieren mit der Zimtstange aufkochen. Eventuell mit etwas Stärkemehl binden. Den fertigen Sauerbraten aus dem Topf nehmen und in Alufolie gewickelt warm halten. Die Soße bei Bedarf etwas auffüllen. Die Crème fraîche mit dem Mehl verrühren und unterziehen. Die eingeweichten Rosinen in der Soße erhitzen. Den Braten in Scheiben schneiden und mit Backobst servieren. Dazu Klöße reichen.

Gulasch italienisch

Gulasch

500 g Gulasch
3/8 l Wasser
1 Beutel Würzmischung für
ungarisches Gulasch
1 TL Kümmel
1 Knoblauchzehe
1 rote und 1 grüne
Paprikaschote
3 Tomaten
Saure Sahne

Das Wasser erwärmen, die Würzmischung einrühren, aufkochen. Das Fleisch hineingeben, 60 Minuten schmoren. Dann Kümmel, Knoblauch, gewürfelte Paprikaschoten und Tomaten hinzufügen und das Gericht weitere 30 Minuten garen. Mit saurer Sahne verfeinern.

Spanische Zwiebelsteaks

4 große Rumpsteaks
2 Knoblauchzehen
2 EL Weinbrand
4 EL Tomatenmark
1 TL Chilipulver
4 Zwiebeln
8 Scheiben durchwachsener
Speck

Die Steaks mit den zerdrückten Knoblauchzehen einreiben, mit ein wenig Salz bestreuen und mit dem Weinbrand beträufeln. Aufeinander schichten und 1 Stunde ziehen lassen. Den Fettrand einige Male einschneiden. Tomatenmark mit Chilipulver vermengen, die Hälfte der Würzmischung auf die Oberseite der Steaks streichen. Darauf 2 in Ringe zerteilte Zwiebeln verteilen und je eine Speckscheibe geben. Die Steaks auf einen Rost legten und unter den vorgeheizten Grill schieben. Nach 6 bis 8 Minuten vorsichtig wenden, so dass Speck und Zwiebeln unten liegen. Nun die andere Seite mit der Würzmischung bestreichen, mit Zwiebelringen und Speckscheiben belegen und grillen.

Bohnen-Ragout

1 Dose Schnittbohnen (800 g)
1 Dose Rindfleisch im eigenen
Saft (400 g)
1 gehackte Zwiebel
1 EL Mehl
Salz, Pfeffer
gehackte Petersilie

Bohnen abtropfen lassen. Vom Rindfleisch das Fett abnehmen, darin die Zwiebel glasig dünsten. Mehl darüber stäuben, unter Rühren kurz durch rösten. Bohnenflüssigkeit mit dem Schneebesen darunter schlagen, 5 Minuten leicht kochen. Fleisch klein schneiden, mit den Bohnen in die Soße geben. Kurz aufkochen, mit Salz und Pfeffer abschmecken, Petersilie darüber streuen.

Rindfleisch mit Grüner Sauce

750 g Rindfleisch ohne
Knochen (Schulter, Hals oder
Zungenstück)
1 Bund Suppengemüse
Salz
2 Becher saure Sahne
frische Kräuter (Petersilie,
Dill, Schnittlauch, Kresse,
Sauerampfer, Borretsch)
Streuwürze
weißer Pfeffer

Das Rindfleisch mit dem geputzten und grob zerkleinerten Suppengemüse in sprudelndes Wasser geben und auf kleiner Flamme gar kochen. Inzwischen die Kräuter für die Grüne Sauce fein hacken und mit der sauren Sahne verrühren. Mit ein wenig Streuwürze und Pfeffer abschmecken. Das fertige Rindfleisch aus der Brühe nehmen, in Scheiben schneiden und auf einer Platte anrichten. Die grüne Sauce auf den Fleischscheiben verteilen. Dazu Salzkartoffeln und einen frischen grünen Salat auf den Tisch bringen.

Glasiertes Rinderfilet

750 g Rinderfilet
1/2 TL Salz
1/2 TL Rosenpaprika
1/2 TL frisch gemahlener
Pfeffer
Thymian
2 - 3 EL Öl
1 große Möhre
250 g Artischockenherzen
Essig
Für das Madeiragelee:
1/4 l klare Fleischbrühe
2 - 3 EL Madeirawein
Selleriesalz
Zwiebelsalz
1 Tütchen Aspikpulver

Salz, Rosenpaprika, Pfeffer und Thymian mit 2 EL Öl verrühren, das Filet damit einreiben. Dann in ein Stück Alufolie wickeln und über Nacht im Kühlschrank durchziehen lassen. Am nächsten Tag den Backofen auf 220 °C vorheizen und das Filet in einer offenen Pfanne hineinstellen. 15 bis 20 Minuten braten, anschließend herausnehmen und erkalten lassen. In etwa 1 cm dicke Scheiben zerteilt auf einer Platte anrichten. Die Möhre schälen, in Stifte schneiden und 5 bis 7 Minuten dünsten. Zusammen mit den Artischockenherzen neben den Filetscheiben anrichten. Das Gemüse mit einer Soße aus Öl, Essig und Gewürzen beträufeln. Für das Gelee die Fleischbrühe mit Madeira, Sellerie- und Zwiebelsalz abschmecken und erhitzen. Das kalt angerührte Aspikpulver hinein geben, unter ständigem Rühren aufkochen. Die Fleischscheiben vor dem Servieren mit dem Gelee überziehen. Dazu eine Sahnesoße mit Kräutern.

Rindfleisch in Weinsoße

1600 g Rindfleisch
100 g geräucherter Speck
100 g geräucherter roher
Schinken
1 große Zwiebel
1 gehäufter EL Mehl
1/8 l Weißwein
2 EL Tomatenmark
1 Lorbeerblatt
Salz
weißer Pfeffer

Das Rindfleisch in kochendes Wasser geben und 1 1/2 Stunden garen. Den Speck in kleine Würfel schneiden und auslassen. Schinken und Zwiebeln klein schneiden, hinzufügen und etwas braunen lassen. Mit dem Mehl bestäuben und mit dem Wein ablöschen. Tomatenmark mit Brühe verdünnen und hinzufügen. Die Soße mit den Gewürzen abschmecken, anschließend 15 Minuten ziehen lassen. Dann durch ein Sieb gießen. Das in Portionen geschnittene Fleisch hinein geben und alles zusammen weitere 30 Minuten ziehen lassen.

Zunge mit Gemüsestreifen

400 g geräucherte Zunge in
Scheiben (Aufschnitt)
3 Tomaten
4 EL Gemüsemais
1 EL eingelegte rote
Paprikastreifen
1 Gewürzgurke
Salz
Pfeffer
2 EL Apfelsaft
2 Möhren
1 kleine Salatgurke
1 Kohlrabiknolle
2 EL Weinessig
4 EL Öl
Oregano

Die Zungenscheiben zusammenklappen und fächerförmig auf 4 flachen Tellern anrichten. Die Tomaten waschen, abtrocknen, halbieren und aushöhlen. 2 Tomatenhälften in kleine Stücke zerteilen und mit den abgetropften Maiskörnern und Paprikastreifen sowie der gewürfelten Gewürzgurke vermengen. Mit Salz und Pfeffer abschmecken, den Apfelsaft untermischen. Die ausgehöhlten Tomatenhälften damit füllen. Möhren, Salatgurke und Kohlrabiknolle waschen und in feine Streifen schneiden. Mit gehackter Petersilie, Essig und Öl vermengen und mit Salz, Pfeffer und Oregano abschmecken. Die gefüllten Tomaten und den Salat neben der Zunge anrichten.

Gerichte mit Lammfleisch

Lammragout mit Zitronen-Spinat-Soße

1 kg Lammkeule ohne
Knochen
1 Zwiebel
100 g Schinkenspeck
1 EL Öl
1 EL Mehl
1/8 l klare Fleischbrühe
1/2 l Weißwein
Salz
weißer Pfeffer
1 Packung Blattspinat
(300 g, tiefgekühlt)
3 Eigelb
Saft 1/2 Zitrone
Muskatnuss
Zitronenscheiben zum
Garnieren

Fleisch waschen, trockentupfen und in Würfel schneiden. Zwiebel schälen und fein würfeln. Speck ebenfalls in Würfel schneiden. Öl in einem Bräter erhitzen. Speck und Zwiebel darin anbraten. Fleisch mit Mehl bestäuben und im Fett anbräunen. Mit der Brühe ablöschen und einkochen lassen. Wein zugießen, mit Salz und Pfeffer würzen. Zugedeckt 1 Stunde bei schwacher Hitze garen. In der Zwischenzeit Spinat auftauen lassen und 5 Minuten vor Ende der Garzeit zum Fleisch geben. Eigelb in Zitronensaft verquirlen. Topf von der Kochstelle nehmen und das Ragout mit dem Eigelb binden. Nicht mehr kochen lassen. Mit Salz, Pfeffer und Muskatnuss abschmecken. In einer Schüssel anrichten und mit Zitronenscheiben garnieren.

Lammrücken gebeizt

1 kg Lammrücken
12 Pfefferkörner
3 Lorbeerblätter
4 Zwiebeln
4 Knoblauchzehen
Zitronenschale
1/2 l Weißwein
3 EL Sojasauce
Salz
Pfeffer
Fett zum Braten
1/2 Dose geschälte Tomaten
Zucker
1 gehäufter EL grüner Pfeffer

Das Fleisch mit Pfefferkörnern, Lorbeer, geviertelten Zwiebeln, halbierten Knoblauchzehen und dünn ausgeschälter Zitronenschale in eine Schüssel geben. Wein mit Sojasauce verrühren, über das Fleisch gießen und abgedeckt im Kühlschrank 24 Stunden durchziehen lassen. Dabei einmal wenden. Das Fleisch abtrocknen, mit Salz und Pfeffer einreiben. In einen Schmortopf legen und mit heißem Fett übergießen. Den Deckel auflegen und im Backofen (E-Herd 200 °C, Gas-Herd Stufe 3) etwa 90 Minuten braten. Nach 60 Minuten Tomaten, Zwiebeln und Knoblauchstücke aus der Marinade zum Fleisch geben und ohne Deckel weiter braten. Fleisch warm stellen, das Gemüse mit Salz, Zucker und grünem Pfeffer herzhaft abschmecken und mit dem aufgeschnittenen Fleisch zusammen auf einer Platte anrichten. Beigabe: Spitzkohlviertel, junge Möhren, Kroketten.

Lammkeule mit Kräuterkruste

2 kg Lammkeule	Lammkeule waschen, trockentupfen, mit Salz und Pfeffer
Salz	kräftig abreiben. In einen Schmortopf legen. Tomate und
schwarzer Pfeffer	Petersilie waschen, Möhren und Zwiebeln schälen. Gemüse
1 Tomate	klein schneiden, Petersilie fein hacken. Speck würfeln. Alles
1 Bund Petersilie	um die Lammkeule legen. Rotwein angießen. Fleisch im
2 Möhren	Backofen (E-Herd 200 °C, Gasherd Stufe 3) ca. 1 1/4 Stunden
2 Zwiebeln	zugedeckt schmoren lassen. Knoblauch schälen, klein hacken
125 g geräucherter	oder durch die Knoblauchpresse drücken. Mit dem Öl und
durchwachsener Speck	den Kräutern verrühren. Auf der Lammkeule verteilen. Weitere
1/4 l Rotwein	50 bis 60 Minuten im Backofen ohne Deckel braten. Fleisch
2 Knoblauchzehen	herausnehmen, warm stellen. Bratenfond durchsieben, auf
3 EL Öl	3/8 l mit Wasser glatt rühren, zum Bratenfond geben und
2 - 3 EL Kräuter der Provence	durchkochen. Soße mit Mehl binden, abschmecken, mit
2 EL Mehl	der Lammkeule servieren. Dazu passen neue Kartoffeln und
	Frühlingssalat.

Lammeintopf mit Kürbis

1 kg Lammfleisch (aus der Keule)	Lammfleisch waschen, trockentupfen und in Würfel schneiden. Geschälte Zwiebeln in Spalten schneiden. Kürbisfleisch
250 g Zwiebeln	entkernen und in Würfel schneiden. Rosenkohl putzen und
750 g Kürbis	waschen. Geschälte Kartoffeln vierteln. Öl in einem Schmortopf
250 g Rosenkohl	erhitzen. Fleisch und Zwiebeln portionsweise darin anbraten.
400 g Kartoffeln	Mit Salz und Pfeffer kräftig würzen und 1 l Wasser angießen.
4 EL Öl	1 Stunde schmoren lassen. 20 Minuten vor Ende der Garzeit
Salz	restliches Gemüse zugeben. Zum Schluss den Eintopf nochmals
weißer Pfeffer	mit Salz, Pfeffer und dem Weißwein-Essig abschmecken.
2 EL Weißwein-Essig	Petersilie waschen, hacken und vor dem Servieren über den
1 Bund Petersilie	heißen Lammeintopf streuen.

Lammrücken mit Salbei-Sonnenblumen-Kruste

1 Lammrücken (ca. 1,5 kg;
Fleisch auslösen, Knochen
mitgeben lassen)
1 Bund Suppengrün
etwas Öl
1/4 l Rotwein
8-10 Salbeiblätter
2 Scheiben Toastbrot
75 g Sonnenblumenkerne
Salz
weißer Pfeffer
2 EL Mehl
1 Ei
20 g Butterschmalz
400 g Zucchini
200 g Schalotten
20 g Butter oder Margarine
1/2 Becher Schlagsahne
1 - 2 EL Soßenbinder für
dunkle Soßen
Petersilie zum Garnieren

Lammrücken von Fett und Sehnen befreien. Suppengrün putzen, waschen und grob zerkleinern. Fettpfanne mit Öl ausstreichen. Knochen und Gemüse auf die Fettpfanne des Backofens legen und im vorgeheizten Backofen (E-Herd 225 °C, Gasherd Stufe 4) ca. 30 Minuten anrösten. Mit Wein und 1/8 l Wasser den Bratensatz lösen und durch ein Sieb gießen, beiseite stellen. Salbei waschen, trockentupfen und fein hacken. Vom Brot die Rinde entfernen. Brot und Sonnenblumenkerne im Universal-Zerkleinerer fein mahlen. Mit dem Salbei mischen und die Panade mit Salz und Pfeffer würzen. Lammfilets mit Salz und Pfeffer einreiben und zunächst im Mehl, dann im verquirlten Ei und zum Schluss in der Panade wenden. Butterschmalz auf der Fettpfanne erhitzen. Lammfilets darauf legen und im Backofen bei gleicher Temperatur ca. 20 Minuten braten. In der Zwischenzeit Zucchini putzen, waschen und in längliche Stücke schneiden. In wenig Salzwasser ca. 7 Minuten garen. Schalotten schälen und in Spalten schneiden. Fett in einer Pfanne erhitzen und die Schalotten darin dünsten. Zucchini abtropfen lassen und kurz mit andünsten. Mit Salz und Pfeffer würzen. Filets herausnehmen und zugedeckt etwas ruhen lassen. Entstandenen Bratenfond mit Wasser lösen und mit dem Bratenfond aufkochen. Sahne zugeben und den Soßenbinder unter Rühren einstreuen. Mit Salz und Pfeffer abschmecken. Filets aufschneiden und mit dem Gemüse auf einer Platte anrichten. Mit Salbei und Petersilie garnieren. Soße dazu reichen. Dazu schmecken kleine Rösti. Der Genuss entschädigt für die Zubereitungszeit!

Italienische Lammkoteletts

3 Zwiebeln
1 Fenchelknolle
Fett zum Braten
1/2 Dose Tomaten
Basilikum
Salz
Pfeffer
4 doppelte Lammkoteletts
(à 200 g)
4 Scheiben Weißbrot
50 g gehackte Mandeln

Zwiebeln würfeln und die Fenchelknolle in feine Streifen schneiden. Beides in Fett andünsten. Tomaten mit dem Saft zufügen und erhitzen. Gewürze zufügen und alles in eine längliche Servierschale geben. Koteletts von beiden Seiten in heißem Fett je 4 Minuten braten, ebenfalls würzen und auf das Gemüsebett legen. Die Weißbrotkrümel und Mandeln miteinander vermengen, in heißem Fett rösten und über das Gericht geben. Beilage: Kräuter-Baguette.

Italienischer Gemüse-Lamm-Topf

500 g Lammfleisch aus der Keule
2 EL Olivenöl
Salz
Pfeffer
1 Prise Zucker
1 - 2 Knoblauchzehen
1 große blaue Zwiebel
2 Tomaten
1 Lorbeerblatt
1 TL Rosmarin
1/2 l Fleischbrühe
200 g Kartoffeln
1 Packung Suppengemüse
(tiefgekühlt, z.B. IGLO
„Italienische Art")

Lammfleisch in 2 cm große Würfel schneiden. Öl in einem Schmortopf erhitzen. Fleischwürfel hinein geben und von allen Seiten anbraten. Mit Salz, Pfeffer und Zucker würzen. Klein gehackten Knoblauch und grob gewürfelte Zwiebel dazugeben. Kurz mitbraten. Dann abgezogene, geviertelte und entkernte Tomaten, Lorbeerblatt, Rosmarin und heiße Fleischbrühe hinzufügen. Topf schließen. Bei mäßiger Hitze ca. 40 Minuten schmoren. Geschälte, längs halbierte und in Scheiben geschnittene Kartoffeln sowie das Suppengemüse zum Fleisch geben. 30 Minuten bei gleicher Hitze weiter schmoren lassen. Gemüse-Lamm-Topf abschmecken und mit knusprigem Meterbrot und rotem italienischen Landwein servieren.

Lammkoteletts mit buntem Salat

4 doppelte Lammkoteletts
1/8 l Olivenöl
1 EL Kräutermischung aus der
Provence
1 - 2 Knoblauchzehen
Pfeffer, Salz
1 Kopfsalat
1/2 Salatgurke
1 Bund Radieschen
1 Kästchen Kresse
1 Bund Dill
1 Bund Petersilie
Zucker
Senf
2 - 3 EL Essig
4 EL Öl
2 Tomaten

Die Fettränder der Lammkoteletts mit einem spitzen Messer einschneiden. Olivenöl, getrocknete Kräuter und die zerdrückte Knoblauchzehe vermischen. Die Koteletts etwa 1 Stunde in der Marinade liegen lassen, zwischendurch öfters wenden. Koteletts herausnehmen und abtropfen lassen. Mit Pfeffer würzen. Die Marinade durchsieben. Etwa 3 EL davon in einer Pfanne erhitzen und die Koteletts darin von jeder Seite ca. 3 Minuten braten. Anschließend salzen. Inzwischen Kopfsalat, Gurke und Radieschen putzen, waschen und klein schneiden. Mit der Kresse in einer Schüssel anrichten. Gehackte Kräuter, Salz, Pfeffer, Zucker, Senf, Essig und Öl verrühren und über die Salatzutaten geben. Die Lammkoteletts mit Tomaten, Petersilie, dem bunten Salat und Bauernbrot anrichten.

Serbisches Lamm

1 1/4 kg Lammkeule
Pfeffer
Rosmarin
Fett zum Braten
100 g durchwachsener Speck
2 Zwiebeln
1 Knoblauchzehe
1/4 l Brühe
1/8 l Weißwein
2 Lorbeerblätter
Salz
1 Prise Zucker
1 Dose weiße Bohnen (350 g)
1/4 Dose Aprikosenhälften
250 g Backpflaumen

Die Lammkeule mit Pfeffer und Rosmarin einreiben und in heißem Fett von allen Seiten scharf anbraten. Speck und Zwiebeln würfeln, Knoblauchzehe zerdrücken und alles mit anbraten. Nach und nach mit Brühe und Weißwein ablöschen. Lorbeerblätter, Salz, Zucker und evtl. noch etwas Rosmarin dazugeben. In den Ofen (E-Herd 200 °C, Gas-Herd Stufe 3) schieben und mit Deckel 75 Minuten schmoren lassen. Dann die abgegossenen weißen Bohnen, Aprikosen und die eingeweichten Pflaumen dazugeben und weitere 20 Minuten ohne Deckel weiterbraten. Nochmals abschmecken. Beigabe: Bauernbrot.

Lammkoteletts mit buntem Salat

Griechische Lammkeule

1 Lammkeule (ca. 2 kg)
1 EL gemahlener Koriander
10 Knoblauchzehen
2 Zitronen
8 EL Öl
schwarzer Pfeffer aus der
Mühle
Salz
2 TL Senf
1 kg kleine Kartoffeln
frischer Rosmarin

Von der Lammkeule überflüssiges Fett abschneiden. Aus Korianderpulver, 2 sehr feingehackten Knoblauchzehen, der abgeriebenen Schale einer Zitrone, 3 EL Öl, frisch gemahlenem Pfeffer und Salz eine Paste rühren. Restliche Knoblauchzehen in Scheiben schneiden. Lammkeule mit einem spitzen Messer tief einstechen, in den Schnitt etwas von der Paste streichen und je eine Knoblauchscheibe hinein stecken. So viele Löcher stechen, bis Paste und Knoblauchscheiben verbraucht sind. Die Keule rundum mit Pfeffer und Salz kräftig würzen. Die Keule in 2 EL Öl kräftig anbraten, herausnehmen. Öl nicht weiterverwenden. Das restliche frische Öl in einem Schmortopf heiß werden lassen, die Keule mit Senf bestreichen, in den Schmortopf geben und mit 2 EL Zitronensaft beträufeln. Den Ofen auf 225 °C vorheizen, den offenen Schmortopf hineinschieben und die Keule etwa 1 3/4 Stunden schmoren. Nach und nach 3/8 l Wasser angießen. Kartoffeln schälen, eventuell halbieren und 40 Minuten vor Ende der Garzeit zur Lammkeule in den Schmortopf geben. Keule immer wieder mit Bratensaft beschöpfen. Die Schale der zweiten Zitrone in hauchdünne Scheiben abschälen und zusammen mit dem Rosmarin 10 Minuten vor Ende der Garzeit auf die Lammkeule legen. Keule und Kartoffeln aus dem Topf nehmen, warm halten, den Bratenfond mit 1/8 l Wasser auf der Herdplatte loskochen und mit Zitronensaft, Salz und Pfeffer abschmecken. Lammkeule zum Anrichten mit den Kartoffeln wieder in den Schmortopf geben. Dazu passen grüne Bohnen.

Lammkoteletts in Milch

4 - 6 Lammkoteletts
1/2 l Milch
Pfefferkörner
1 Msp. Koriander
60 g Schafskäse geraspelt
Salz

Lammkoteletts salzen. Pfefferkörner leicht zerstoßen. Pfeffer und Koriander zusammen mit den gesalzenen Lammkoteletts in der Milch 20 Minuten leicht kochen lassen. Herausnehmen, mit Küchenkrepp abtupfen und vom Knochen lösen. Schafskäse darübergeben. Am besten mit Blattspinat und Nudeln servieren.

Lammkeule spezial

1 Lammkeule von etwa 1 kg
4 - 6 Knoblauchzehen
frisch gemahlener schwarzer
Pfeffer
1 - 2 EL Armagnac oder
Cognac
3 EL Olivenöl
3 Zweige Rosmarin
1/2 Bund Thymian
2 Lorbeerblätter
50 g weiche Butter
Salz

Die Lammkeule mit kaltem Wasser abwaschen und mit
Küchenkrepp trockentupfen. Die Knoblauchzehen schälen
und sehr fein hacken oder durch die Presse drücken. Reichlich
schwarzen Pfeffer darüber mahlen (etwa 1/2 TL darf es
schon werden) und alles mit dem Armagnac oder Cognac
verrühren. Das Olivenöl tropfenweise darunter schlagen.
Rosmarin und Thymian abspülen und trocken schwenken.
Die Rosmarinnadeln von den Stielen streifen, den Thymian
zerpflücken. Ein großes Stück Alufolie auf den Tisch legen
und ein paar Rosmarinnadeln und etwas Thymian in die Mitte
geben. Ein Lorbeerblatt zerbröseln und darüber streuen. Das
Fleisch rundherum mit der Knoblauchmischung bestreichen und
auf die Gewürzmischung in der Alufolie legen. Die restlichen
Gewürze darauf verteilen. Die Folie sehr sorgfältig verschließen,
damit das Aroma nicht verfliegt. Die Keule über Nacht oder
noch besser 24 Stunden an einem kühlen Platz beizen. Wenn
Sie die Keule im Kühlschrank beizen, sollte sie etwa 2 Stunden
vor der Zubereitung aus dem Kühlschrank genommen werden,
weil sich bei Zimmertemperatur das Aroma besser entwickeln
kann. Den Backofen auf 250 °C vorheizen. Das Fleisch aus
der Folie nehmen und die Kräuter-Knoblauch-Mischung
sorgfältig herunter streifen oder mit Küchenkrepp abwischen;
sie verbrennt beim Braten und wird bitter. Die Keule dann
sorgfältig trockentupfen. Etwa zwei Drittel der weichen Butter
darauf verteilen und mit dem Pinsel gleichmäßig verstreichen.
Danach rundherum salzen. Sobald die Keule im Ofen ist, die
Temperatur auf 220 °C zurückschalten und das Fleisch ca. 40
Minuten garen. Zwischendurch mehrfach mit der restlichen
Butter bestreichen. Die Keule aus dem Ofen nehmen und mit
Alufolie locker bedeckt 10 bis 15 Minuten ruhen lassen. Erst
danach schräg zur Faser beziehungsweise zum Knochen in
Scheiben schneiden und nach Wunsch noch etwas salzen und
pfeffern. Rasch servieren.

Lammkoteletts mit Gorgonzola überbacken

8 Lammkoteletts (ca. 800 g)
Pfeffer
Salz
2 EL Öl
1 Schalotte
1 Knoblauchzehe
1 EL Pinienkerne
1 Bund frisches Basilikum
1 Becher Crème double
100 g Gorgonzola

Die Lammkoteletts pfeffern und salzen, in erhitztem Öl von beiden Seiten anbraten, aus der Pfanne nehmen und warm stellen. Im verbliebenen Bratfond abgezogene, gehackte Schalotten und zerdrückte Knoblauchzehe anbraten. Pinienkerne zufügen und kurz schmoren. Mit etwas Wasser oder nach Wunsch auch mit etwas Wein ablöschen. Alles mit dem elektrischen Mixstab oder im Mixer zusammen mit Basilikum pürieren. Crème double unterziehen und nochmals vorsichtig erhitzen. Den Gorgonzola auf die Koteletts verteilen und unter dem Grill überbacken, bis der Käse zerläuft. Die Soße zu den Koteletts reichen. Sehr gut dazu schmeckt Blattspinat und Grilltomate.

Grüne-Bohnen-Topf

800 g Lammfleisch (Schulter)
Salz
frisch gemahlener Pfeffer
2 Lorbeerblätter
frische Bohnenkrautspitzen
1 TL Majoran
1 TL Universal-Würze oder
1 Suppenwürfel
1 kg frische grüne Bohnen
(zarte flache, mit möglichst
kleinen Kernen)
500 g Kartoffeln
1 dicke Zwiebel (spanische
Gemüsezwiebel)
Margarine oder Butter
2 TL Speisestärke

Lammfleisch völlig entfetten, zu etwa 3 cm großen Würfeln schneiden. In einen Topf geben, so viel Wasser aufgießen, dass die Würfel gerade bedeckt sind. Etwas Salz, Pfeffer und die Lorbeerblätter hinzufügen. Bei mittlerer Temperatur kochen. Bohnen von den Fäden befreien, waschen und in 4 cm lange Stücke schneiden. Nach 1 Stunde ist das Fleisch (bei jungem Lamm) fast gar. Dann die geschnittenen Bohnen und Kartoffeln dazugeben. Zwiebel schälen, in feine Würfel schneiden, in etwas Margarine oder Butter anbraten, zum Eintopf geben. Wenn nötig, Wasser nachfüllen, so dass alles gerade bedeckt ist. Majoran, Bohnenkraut und Universal-Würze oder Suppenwürfel dazugeben. Das Ganze noch so lange kochen, bis Bohnen, Fleisch und Kartoffeln gar, aber noch etwas knackig sind. Speisestärke mit etwas kaltem Wasser anrühren und den kochenden Eintopf damit leicht eindicken (wichtig: es sollte kein Brei daraus werden).

Djuvec

750 g Lammfleisch ohne
Knochen
4 Zwiebeln
2 Knoblauchzehen
250 g grüne Bohnen
2 EL Öl
1 EL Paprikapulver
Salz
Pfeffer
1 frische Chilischote
200 g Kürbis
250 g Tomaten
1 Bund Frühlingszwiebeln
1 EL gehackte gemischte
Kräuter

Lammfleisch würfeln, Zwiebeln in große Stücke schneiden, Knoblauch fein hacken. Bohnen putzen, einmal durchbrechen. Öl in einer Kasserolle erhitzen, Zwiebeln und Knoblauch andünsten. Fleisch zugeben, scharf anbraten, würzen. Die fein gehackte Chilischote und die Bohnen zufügen. Eine Tasse Wasser oder Brühe zugießen, etwa 35 Minuten schmoren lassen. Kürbis schälen, grob würfeln. Tomaten klein schneiden, die Frühlingszwiebeln vierteln. Gemüse zum Ragout geben und das Ganze 10 Minuten garen lassen. Mit Kräutern bestreuen, eventuell mit Crème fraîche servieren. Dazu passt körnig gekochter Patnareis, den man auch unter das Ragout mischen kann.

Bunte Lammspieße

1 gehackte kleine Zwiebel
1 gehackte Pfefferschote
1 zerdrückte Knoblauchzehe
Thymian
Rosmarin
1 EL pikante Sojasoße
1/8 l Öl
600 g Lammfleisch (Keule
oder Schulter)
2 kleine Zucchini
1 rote Paprikaschote
1 gelbe Paprikaschote
8 kleine Zwiebeln
Salz
1 Glas Barbecue-Relish
1 Flasche Schaschlik- oder
Chili-Soße

Die ersten 7 Zutaten im Mixer oder mit Mixstab glatt schlagen. Fleisch zu 2 bis 3 Zentimeter großen Würfeln schneiden, über Nacht in der Ölmarinade ziehen lassen. Vor dem Grillen abtropfen lassen. Zucchini in fingerdicke Scheiben, Paprikaschoten zu 2 bis 3 Zentimeter großen Quadraten schneiden, Zwiebeln schälen und halbieren. Abwechselnd mit den Lammfleisch-Würfeln auf 8 Spieße stecken, mit Ölmarinade bepinseln und unter öfterem Wenden etwa 15 Minuten grillen, salzen. Dazu Barbecue-Relish, Schaschlik- oder Chili-Soße reichen. Tipp: Statt Lamm können Sie auch anderes zartes Fleisch verwenden wie zum Beispiel Putenbrust oder Schweinefilet; Geflügelleber eignet sich ebenfalls hervorragend für die bunten Spieße.

Lammhaxe

1 1/2 kg Lammhaxe
Für die Marinade:
4 EL Zitronensaft
10 fein gehackte Minzblätter
1/8 l Weißwein
4 EL Olivenöl
100 g fein gehackte Zwiebeln
je 1 EL fein gehackte Petersilie,
Dill und Schnittlauch
Zum Braten:
3 EL Öl
1/4 l Rotwein
1/4 l Wasser
6 Frühlingszwiebeln
2 Möhren
2 Tomaten
100 g Crème fraîche
Salz
Pfeffer

Die Lammkeule mit den Marinadezutaten einpinseln. Einige Stunden kühl stellen. Öl in einen Bräter geben, Fleisch hineinsetzen. Bei 175 bis 200 °C (E-Herd) oder Stufe 2 bis 3 (Gas-Herd) 1 1/2 bis 1 3/4 Stunden braten. Zwischendurch mit Rotwein und Wasser ablöschen. Das Fleisch ab und zu mit dem Bratenfond begießen. Nach 1 Stunde Bratzeit halbierte Frühlingszwiebeln, in Stifte geschnittene Möhren und Tomatenhälften zugeben. Nach Ende der Bratzeit den Braten herausnehmen und warm stellen. Bratfond durch ein Sieb geben. Außerdem einen Teil der mitgeschmorten Zutaten zum Binden der Soße. Mit Crème fraîche, Salz und Pfeffer abschmecken.

Lammschmortopf im eigenen Fett

1,5 kg Lammfleisch aus dem
Nacken oder der Schulter
2 Knoblauchzehen
500 g Zwiebeln
500 g Kartoffeln
500 g Weißkraut
1 EL Kümmel
1 Tasse Rindfleischbrühe
2 EL Thymian
2 EL Petersilie

Zwiebeln schälen und in Streifen schneiden. Kartoffeln schälen und würfeln. Weißkraut in Streifen schneiden. Das Fleisch von Fett befreien und in Würfel schneiden. Die Parüren (Fett-Abschnitte) in einem Bräter auslassen und Fleischwürfel darin andünsten. Die Zwiebelstreifen dazugeben und glasig braten lassen. Salzen und pfeffern, dann das geschnittene Weißkraut mit Kümmel und die Kartoffeln mit Thymian und Petersilie in den Topf geben. Mit der Rindfleischbrühe auffüllen und 1 Stunde bei geschlossenem Deckel auf dem Herd köcheln lassen. Dazu schmeckt Brot.

Helle Sauce zum Lammbraten

40 g Margarine in den Topf geben, zerlassen, ca. 20-30 g Mehl einrühren bis hellgelb. Marinade vom Lamm dazugeben. Ca. 1/4 l Wasser zugeben, bis zum Kochen rühren, ca. 3 Minuten köcheln lassen, dann mit Mixstab fein pürieren, mit Salz, Pfeffer, etwas Maggi und Cognac abschmecken. Geschmack muss kräftig sein. Ca. 5 Minuten vor dem Servieren 1 guten EL saure Sahne einrühren, nicht mehr kochen, nochmals abschmecken.

Kalter Braten pikant

Lammfleisch schmeckt kalt genau so gut wie heiß vom Herd. Wenn beim Essen von der Keule etwas übrig bleibt, gibt es eine Lammbraten-Platte mit pikanten Saucen oder Lammfleisch-Salat.

Aus Essig und Öl, Salz und Pfeffer, einer Prise Zucker, Worcestersoße und fein gehackten Zwiebeln eine Salatsoße rühren, Eierschnitzel, Gewürz-Gürkchen, Kapern, fein gehackte Gartenkräuter und das in Streifen geschnittene Fleisch dazugeben. Gut gekühlt und durchgezogen servieren.

Lammrücken provenzal

1,5 kg Kartoffeln
1 Bund Schalottenlauch
300 g geriebener Schweizer
Käse
1/2 l Sahne
1,5 - 2 kg Lammrücken
2 - 3 Gemüsezwiebeln
Öl
1 kg geschälte Tomaten aus der
Dose oder frische Tomaten
Kräuter der Provence (Kerbel,
Schnittlauch, Sauerampfer,
Blattpetersilie, Rosmarin, evtl.
getrocknet)
Butter
Salz
Pfeffer
Knoblauch
Muskat

Feuerfeste Form mit Butter ausstreichen. Schalotten schälen, kleinhacken und in die Form streuen. Kartoffeln waschen, schälen, in Scheiben schneiden. Auf die Schalotten legen, mit Salz, Pfeffer und Muskat würzen. Käse darüber streuen, Sahne darüber gießen, bis die Kartoffeln etwa zu 3/4 bedeckt sind. Backofen auf 200 bis 250 °C vorheizen, Form auf den Ofenboden stellen. Lammrücken mit Salz, Pfeffer und etwas geriebenem Rosmarin würzen, auf einem leicht mit Öl bestrichenen Backblech oder auf der Fettpfanne in den Ofen schieben. Die Kartoffeln sind nach etwa 45 Minuten gar, der Lammrücken ist nach 30 Minuten außen knusprig braun, innen rosa. Wer das Fleisch nicht so rosa mag, sollte es noch 10 bis 20 Minuten länger braten. Während Kartoffeln und Lamm garen, die Gemüsezwiebeln in Scheiben schneiden, im Öl hellgelb anbraten. Die geschälten Tomaten darunter mischen (Dosentomaten nur kurz aufkochen, frische Tomaten etwa 10 Minuten mit den Zwiebeln dünsten). Provencekräuter dazugeben, alles mit Salz, Pfeffer und geriebenem Knoblauch abschmecken, kurz aufkochen.

Lammfilet mit Frühlingsgemüse

8 kleine Möhren
8 kleine Rettiche
2 Bund Frühlingszwiebeln
400 g grüne Bohnen
2 Lammfilets (à 400 g)
2 EL Butter oder Margarine
1 Bund Pfefferminze
1 Bund Zitronenmelisse
100 g Crème double
Salz
Pfeffer

Möhren und Rettiche waschen und schälen, Frühlingszwiebeln und Bohnen putzen, alles in Stücke schneiden. Gemüse in wenig Salzwasser nicht zu lange garen. Es sollte noch Biss haben. Butter oder Margarine in einer Pfanne erhitzen und die Filets von beiden Seiten 2 bis 3 Minuten darin braten (müssen innen noch rosa sein). Herausnehmen und warm stellen. Den Bratenfond mit etwas Wasser ablöschen, mit den Kräutern pürieren. Crème double unterziehen und erhitzen. Mit Pfeffer und Salz abschmecken. Soße zum Filet und Gemüse servieren. Nach Wunsch mit etwas Zitronenmelisse garnieren.

Osterkeule

1 - 2 Knoblauchzehen
1 Zitrone mit unbehandelter
Schale
6 EL Olivenöl
1 kg Lammkeule (entbeint
vom Metzger zum Füllen
vorbereitet)
150 g frischer Blattspinat
100 g Schalotten
100 g Schafskäse
2 - 3 EL Pinienkerne
Salz
weißer Pfeffer
2 Eigelb
1/4 l Fleischbrühe
4 cl trockener Wermut
500 g Möhren
1 - 2 Bund frische Kräuter
(z.B. Petersilie, Kerbel)
1 EL mittelscharfer Senf

Die Knoblauchzehen abziehen, durch die Presse drücken und mit 3 EL Zitronensaft, etwas geriebener Zitronenschale und 2 EL Öl verrühren. Das Lammfleisch damit rundum einreiben. In Frischhaltefolie wickeln und im Kühlschrank mindestens 2 Stunden durchziehen lassen. Den Spinat putzen, waschen und grob hacken. Tropfnass in einen breiten Topf geben, erhitzen und zusammenfallen lassen. Mit restlichem Zitronensaft beträufeln. Die Schalotten abziehen und fein würfeln, Schafskäse in sehr kleine Würfel teilen, Pinienkerne hacken. Den Spinat gut abtropfen lassen, besser noch ausdrücken. Mit Schalotten, Käse und Pinienkerne mischen. Salzen und pfeffern. Das Eigelb untermengen. Das Lammfleisch aus der Folie nehmen, flach ausbreiten. Marinade auffangen und für später aufbewahren. Das Fleisch von allen Seiten kräftig salzen und pfeffern. Spinatmischung gleichmäßig auftragen. Den Braten zusammenklappen, mit Küchengarn zunähen. 2 EL Öl in einem Bräter erhitzen, Lammkeule darin rundum scharf anbraten. Brühe, Wermut und Marinade angießen. Im vorgeheizten Backofen bei 175 °C (Gas Stufe 2) 1 1/2 Stunden garen, dabei öfters mit dem Sud begießen. Die Möhren schälen, schräg in Streifen schneiden. Nach 45 Minuten Garzeit um das Fleisch herum verteilen. Die Kräuter waschen, trocken schwenken und fein hacken. Mit Senf und restlichem Öl verrühren. 15 Minuten vor Ende der Garzeit die Kräuterpaste mit einem Pinsel auf die Fleischoberfläche streichen, evtl. mit Alufolie abdecken, damit die Kruste nicht zu dunkel wird. Nach 1 1/2 Stunden den Ofen ausschalten. Den Lammbraten in Alufolie wickeln und noch etwa 10 Minuten nachziehen lassen. Inzwischen Soße auf dem Herd kräftig einköcheln lassen, abschmecken. Das Fleisch in dünne Scheiben schneiden. Mit der Sauce und den Möhren servieren. Als Beilage: Pellkartoffeln halbiert und in der Pfanne knusprig geröstet.

Gerichte mit Geflügel

Hähnchen in Madeira

1 Poularde (etwa 1250 g)
2 Zwiebeln
4 Knoblauchzehen
1 Bund Möhren
1 kleine Petersilienwurzel
2 EL Öl
3 EL Mehl
350 ml trockener Madeira
3 Lorbeerblätter
2 Zweige Thymian
3 Stiele Salbei
Salz
200 g Schalotten
50 g durchwachsener
geräucherter Speck
250 g Champignons
1 EL Zucker
schwarzer Pfeffer aus der
Mühle
1 Dose Aprikosen (580 g)

Poularde gründlich waschen, trockentupfen und in sechs Portionsstücke schneiden. Zwiebeln und Knoblauch schälen, fein würfeln. Möhren und Petersilienwurzel putzen und waschen. Möhren in nicht zu dünne Scheiben und Petersilienwurzel in große Stücke schneiden. Öl in einem Topf erhitzen. Geflügelteile darin rundherum goldbraun anbraten. Zwiebeln, Knoblauch und 1 EL Möhrenscheiben zugeben, kurz mit anbraten. Mit Mehl bestäuben. Mit Wein und 400 ml Wasser ablöschen. Petersilienwurzeln, Lorbeerblätter, Thymian und Salbei zum Geflügel geben. Mit Salz würzen und alles 40 Minuten bei mittlerer Hitze schmoren lassen. Schalotten schälen und würfeln. Speck in dünne Streifen schneiden. Champignons putzen, waschen und vierteln. Speck in einer Pfanne auslassen. Schalotten, restliche Möhren und Champignons zufügen und 2 Minuten mit anbraten. Mit Salz, Zucker und Pfeffer würzen. Aprikosen abtropfen lassen, in Spalten schneiden. Geflügel herausnehmen und die Soße durch ein Sieb streichen. Poularde, Schalotten, Möhren, Champignons, Speck und Aprikosen in die Soße geben und bei mittlerer Hitze nochmals 15 Minuten schmoren lassen. Pikant abschmecken. Dazu frisches Baguette reichen.

Hähnchenkeulen in Currysauce

1 kleine Dose Ananasstücke
(240 g)
4 Hähnchenkeulen (à 250 g)
Salz
2 EL Butter oder Margarine
1 EL Curry
2 Becher Sahne (400 g)
2 Bananen
2 EL Zitronensaft
1 Prise Zucker
2 EL Mandelblättchen

Ananasstücke abtropfen lassen, Saft auffangen. Hähnchenkeulen auftauen, salzen, in der Butter oder Margarine auf jeder Seite etwa 15 Minuten braten. Herausnehmen, warm stellen. Curry in den Bratenfond rühren, kurz durch rösten. Mit der Sahne ablöschen, auf die Hälfte einkochen. Bananen zu Scheiben schneiden, mit Zitronensaft beträufeln. In die Sauce geben, ebenso die Ananasstücke. Mit Ananassaft, Salz und Zucker abschmecken. Mandelblättchen in trockener Pfanne rösten, auf die Sauce streuen. Mit den Keulen anrichten. Dazu Reis servieren.

Warme Hühnerbrüstchen

125 g geputzte und geschabte
Möhren
Wasser
Salz
frisch gemahlener Pfeffer
1 kleiner Kopf Radicchio
(125 g)
1/2 Kopf Frisée (100 g)
75 ml Salatdressing mit
Gartenkräutern
Saft von 1/2 kleinen Orange
2 ausgelöste Hühnerbrüstchen
(à 150 g)
Ingwerpulver
2 EL Sonnenblumenöl
2 EL Salatcreme mit Joghurt
1 EL grüne Pfefferkörner aus
dem Glas
1/2 Kästchen Kresse
1/4 Honigmelone (175 g)

Ganze Möhren in Salzwasser garen, abkühlen lassen, zunächst
in Scheiben, dann quer in schräge Streifen schneiden. Radicchio
putzen, waschen, abtropfen lassen, in Streifen schneiden. Frisée
putzen, in kleine Stückchen zupfen, waschen, abtropfen lassen.
Salatdressing mit dem Orangensaft verrühren, mit Pfeffer
abschmecken. Hühnerbrüste waschen, trockentupfen, mit Salz,
Pfeffer und Ingwerpulver einreiben. Öl in einer beschichteten
Pfanne erhitzen. Hühnerbrüstchen darin auf beiden Seiten
anbraten und insgesamt ca. 10 Minuten bei mäßiger Hitze
garen. Salatcreme mit den Pfefferkörnern verrühren, Kresse
mit der Schere abschneiden, hinzufügen. Melone in Schnitzel
schneiden, schälen. Frisée auf zwei Portionstellern auslegen.
Radicchio und Möhrensalat darauf arrangieren. Orangendressing
gleichmäßig darüber verteilen. Je 2 Melonenschnitzel dazu
setzen. Hühnerbrüstchen auf die Teller geben. Salatcreme
darüber löffeln.

Geflügel-Risotto

1 Hähnchen (ca. 1200 g)
1 Brühwürfel
2 Zwiebeln
50 g Margarine
400 g Rundkornreis
1 l Hühnerbrühe
1 kleine Dose Erbsen
1 Bund Schnittlauch
Salz
Pfeffer
Saft einer viertel Zitrone
etwas Worcestersoße

Das Hähnchen in Salzwasser mit dem Brühwürfel etwa 1 Stunde
kochen, bis sich das Fleisch leicht lösen lässt. Die Zwiebeln
schälen und in feine Würfel schneiden. In einem Topf mit der
Margarine glasig rösten, den Reis dazugeben, kurz anschwitzen
und mit der Hühnerbrühe auffüllen. Bei geschlossenem Deckel
etwa 20 Minuten köcheln lassen, alle 5 Minuten umrühren.
Das Hähnchenfleisch in ca. 1 cm große Würfel schneiden.
Den Schnittlauch fein hacken. Hähnchenstücke, Erbsen (ohne
Dosenflüssigkeit) und Schnittlauch zu dem Reis geben. Kurz
aufkochen, abschmecken mit Zitronensaft, Worcestersoße,
eventuell Salz und Pfeffer.

Hühnercurry indische Art

1 küchenfertiges Suppenhuhn
(1200 g)
1 Zwiebel
1 Porreestange (250 g)
Salz
1 1/2 Tassen Reis (225 g)
2 Tassen Erbsen (150 g)
2 TL Curry
2 EL Sahne
1/2 Bund Petersilie

Huhn auftauen. Zwiebel schälen, vierteln, Porree in Stücke schneiden, mit Huhn und etwas Salz in 2 l kochendes Wasser geben. Huhn gar kochen, herausnehmen, abkühlen lassen. Unterdessen Reis in reichlich Salzwasser gar kochen, kalt abbrausen, gut abtropfen lassen. Erbsen auftauen. Brühe durchs Sieb gießen, Curry und Sahne unterrühren, eventuell noch nachsalzen. Fleisch von Haut und Knochen lösen, in Stücke schneiden, mit Reis und Erbsen in die Suppe geben. Nochmals abschmecken und einmal aufkochen. Auf vier Teller verteilen. Petersilie hacken und darüber streuen. Dazu schmeckt Weißbrot ein kühles Helles.

Bunter Hähnchen-Spieß

500 g Hähnchenfleisch
12 Champignons
1 rote Paprikaschote
1 Zucchini
80 g Zwiebeln
1/2 Bund Petersilie
Für die Marinade:
1 EL Zitronensaft
Pfeffer
Salz
Kräuter der Provence
4 EL Öl
Knoblauchpulver

Gemüse putzen und waschen. Paprika, Zucchini, Zwiebeln und Hähnchenfleisch in Stücke schneiden. Hähnchenfleisch und Gemüse mit Petersilie auf die Spieße schieben. Zutaten für die Marinade mischen, damit die Spieße bestreichen und ca. 2 Stunden ziehen lassen. Auf dem vorgeheizten Grill auf jeder Seite etwa 5 bis 6 Minuten grillen. Dazu schmecken am besten frische Salate und Stangenweißbrot.

Bunter Hähnchen-Spieß

Marinierte Schenkel

4 Hähnchenschenkel
Für die Marinade:
Saft von 2 Zitronen
1 Tasse Olivenöl
1 Knoblauchzehe gepresst
1 TL getrockneter Thymian
Salz
Pfeffer

Die Hähnchenschenkel über Nacht in der Marinade zugedeckt im Kühlschrank ziehen lassen. Die Schenkel aus der Marinade herausnehmen, trockentupfen und über der Grillglut von jeder Seite 10 bis 12 Minuten garen. Dazu passen gut Tsatsiki, frischer Salat und Baguette.

Pikante Hähnchenbrust

4 Hähnchenbrüste à 300 g
Salz
Pfeffer
3 EL Öl
2 cl Cognac oder Weinbrand
1/8 l Fleischbrühe
1/8 l Weißwein
1 EL Edelsüßpaprika
2 EL hellen Soßenbinder

Hähnchen salzen, pfeffern, im Öl anbraten. Cognac dazu gießen, flambieren. Nach und nach Brühe und Wein angießen, Hähnchen in etwa 15 Minuten gar schmoren; herausnehmen, warm stellen. In den Schmorfond Paprika und Soßenbinder rühren, 1 Minute kochen. Mit Kartoffeln und Gemüse nach Wunsch auftragen.

Hähnchen „Halali“

8 Hähnchenschenkel
Salz
Pfeffer
125 g Frischkäse
1 TL gehackte Kräuter
40 g Butter
3 Zwiebeln

Hähnchenkeulen auftauen, würzen. Käse mit Paprika, Kräutern und Butter gut verrühren und die Keulen damit bestreichen. Die gehackten Zwiebeln darüber verteilen. Die Keulen gut in Alufolie einschlagen und auf dem Grillrost garen lassen.

Hähnchenschenkel indisch

1/8 l Öl
1 TL Curry
1 Msp. Ingwerpulver
1 Msp. Zitronenpfeffer
8 Hähnchenschenkel
8 Scheiben Ananas
4 nicht zu reife Bananen
etwas Honig
1 Flasche Mango-Soße
1 Glas Exotic- oder Indian-
Relish

Öl mit Curry, Ingwer und Zitronenpfeffer verrühren. Hähnchenschenkel damit bepinseln, 3 bis 4 Stunden ziehen lassen. Unter öfterem Wenden in 20 bis 30 Minuten knusprig braun grillen, dabei ab und zu mit Öl bepinseln. Ananas gut abtropfen lassen, trockentupfen. Bananen ungeschält längs halbieren, Schnittflächen mit Öl bepinseln und kurz grillen. Schalenseite ebenfalls einölen, Bananen wenden und nochmals kurz grillen. Ananas mit Öl bepinseln und unter vorsichtigem Wenden kurz übergrillen (wenn die Früchte sehr weich sind auf extrastarker Alufolie oder Grillpfannen). Auf die Früchte etwas Honig träufeln, mit Mango-Soße und Exotik- oder Indian-Relish zu den Hähnchenschenkeln servieren. Dazu schmeckt knuspriges Stangenweißbrot, deftiges Bauern-, Kümmel- und Zwiebelbrot.

Hähnchen-Kasserolle

1 bratfertiges Hähnchen
(850 g)
Salz
Pfeffer
1 EL Mehl
2 EL Öl
30 g mageren Speck
1 gehackte Zwiebel
1 EL Edelsüßpaprika
1/8 l Fleischbrühe
1/8 l helles Bier
1 Lorbeerblatt
1/2 TL Thymian
200 g Champignons
2 Tomaten
1 EL gehackte Petersilie

Hähnchen halbieren, salzen und pfeffern, mit Mehl bestäuben. Im Öl anbraten. Speck zu kleinen Würfeln schneiden, mit der Zwiebel zum Fleisch geben und einige Minuten mitbraten. Edelsüßpaprika übers Hähnchen streuen, Fleischbrühe, Bier, Lorbeerblatt und Thymian dazugeben, 20 Minuten zugedeckt schmoren. Champignons halbieren oder vierteln, zum Hähnchen geben, 5 Minuten mitschmoren. Tomaten schälen, vierteln, in die Kasserolle geben und 1 bis 2 Minuten mitdünsten. Mit Petersilie bestreut auf den Tisch bringen.

Putenoberkeule mit Tomaten-Basilikum-Füllung

1 mittelgroße Zwiebel
2 Knoblauchzehen
1 Bund Basilikum
1 Dose Tomatenmark (70 ml)
1 kg ausgelöste Putenoberkeule
Salz
Pfeffer
1 Bund Suppengrün
500 g grüne Bohnen
2 EL Butter oder Margarine
1/2 Becher Sahne (100 g)
1 - 2 EL Soßenbinder für helle
Soßen
Holzstäbchen
Küchengarn

Für die Füllung Zwiebel und Knoblauch schälen und fein hacken. Basilikum waschen und trocken schütteln. Etwas zum Garnieren beiseite legen. Rest in Streifen schneiden. Tomatenmark mit vorbereiteten Zutaten vermengen. Putenoberkeule waschen und trockentupfen. Mit Salz und Pfeffer einreiben. Tomatenmark-Mischung auf das Fleisch streichen. Fleisch fest aufrollen und mit Holzstäbchen feststecken. Fest mit Küchengarn umwickeln. Fleisch auf dem Rost im vorgeheizten Backofen (E-Herd 200 °C / Gasherd Stufe 3) ca. 1 1/2 Stunden garen. Fettpfanne unterschieben. Suppengrün putzen, waschen, grob würfeln. Auf die Fettpfanne geben. Braten nach und nach mit einem 1/2 l Wasser begießen. Inzwischen Bohnen putzen, waschen und halbieren. In kochendem Salzwasser ca. 15 Minuten garen. Vor dem Anrichten in heißem Fett schwenken. Fleisch aus der Fettpfanne nehmen. Bratenfond durch ein Sieb gießen. Sahne zufügen, aufkochen lassen, Soßenbinder einstreuen, nochmals aufkochen. Mit Salz und Pfeffer abschmecken. Braten mit dem Gemüse und etwas Soße auf einer Platte anrichten. Mit Basilikum garniert servieren. Restliche Soße extra reichen. Zu diesem köstlichen Festtagsbraten schmecken Kartoffelplätzchen.

Putengulasch Zigeuner Art

1 Beutel Soßenpulver für
Zigeuner-Gulasch
1/4 l Wasser
500 g Putenbrust
250 g Lauch
Salz

Soßenpulver mit dem Schneebesen in kochendes Wasser einrühren. Das Fleisch in Würfel schneiden und dazugeben, aufkochen lassen. Bei schwacher Hitze etwa 1/2 Stunde garen. Den in Stücke geschnittenen Lauch dazugeben und weitere 15 Minuten garen. Mit Salz abschmecken. Als Beilage: Bauernbrot oder Reis.

Filet mit Zwiebelpüree

300 g rote Zwiebeln
40 g Butter
1/8 l Rotwein
1/8 l Rote-Bete-Saft
Salz
Pfeffer
Essigessenz (25 %ig)
2 Schalotten
200 g Pfifferlinge
2 EL Crème fraîche
Zitronensaft
1 EL gehackter Schnittlauch
2 EL Schlagsahne
400 g Putenfilet
2 EL Butterschmalz oder Öl

Zwiebeln schälen, zu Ringen schneiden. In 20 g Butter den Zucker karamellisieren. Zwiebeln darunter rühren, Wein angießen, Zwiebeln weich dünsten. Rote-Bete-Saft um die Hälfte einkochen, zu den Zwiebeln geben, im Mixer oder mit Mixstab zu mittelfeinem Püree schlagen. Mit Salz, Pfeffer und Essigessenz abschmecken. Schalotten schälen, klein würfeln, in restlicher Butter andünsten. Pilze putzen und dazu geben, salzen, 5 Minuten dünsten. Auf dem Küchensieb abtropfen lassen. Dünstflüssigkeit um die Hälfte einkochen, Crème fraîche darunter rühren, aufkochen. Pilze einlegen, mit Salz, Pfeffer und Zitronensaft abschmecken. Schnittlauch darunter ziehen, dann die Sahne. Putenfilet salzen und pfeffern. Im Butterschmalz oder Öl auf jeder Seite etwa 10 Minuten braten. 5 Minuten ruhen lassen, zu Scheiben schneiden, auf 2 Tellern mit Zwiebelpüree und Pilzen anrichten.

Leber-Ragout

500 g Putenleber
1 1/2 EL Mehl
50 g mageren Speck
2 EL Öl
Salz
Pfeffer
200 g gehackte Zwiebeln
1 Tasse dunkles Bockbier
2 EL Crème fraîche
1 EL gehackte Petersilie

Leber zu streifen schneiden, mit Mehl bestäuben. Speck zu kleinen Würfeln schneiden, in 1 EL Öl auslassen. Leber hinzufügen und von allen Seiten anbraten; salzen und pfeffern, herausnehmen. Restliches Öl in die Pfanne geben, Zwiebel hinzufügen und goldgelb dünsten. Bier und Crème fraîche dazugeben, 5 Minuten leicht kochen. Leber hineinlegen, bei kleiner Hitze in etwa 5 Minuten gar schmoren. Soße, wenn nötig, salzen und pfeffern, kurz vor dem Auftragen die Petersilie darunter mischen. Mit Spätzle und Salat auftragen.

Gänsebraten

1 küchenfertige Gans
(3 - 4 kg)
Salz
Pfeffer
Majoran
2 kleine Äpfel
1 Zwiebel
1 Soßenwürfel (klarer
Bratensaft)

Gans innen mit Salz, Pfeffer und Majoran ausstreuen, außen salzen und pfeffern. Äpfel halbieren, in die Gans legen. In länglichen Bräter 1 cm hoch Wasser gießen, Gans mit dem Rücken nach unten hineinlegen. In den auf 220 °C vorgeheizten Ofen schieben. Das Wasser verdunstet und die Gans nimmt langsam Farbe an. Jetzt auf 150 °C schalten, Gans 1 1/2 bis 2 1/2 Stunden braten. Zwischendurch mit dem austretenden Fett übergießen. Nun die Gans anheben: Ist der auslaufende Sud hell wie Fleischbrühe, ist sie gar. Ist der Sud rosa oder rot, muss sie noch weiter braten. Für die Soße die Zwiebel schälen und fein reiben. Im Bratensatz der Gans kurz anschwitzen, mit 3 Tassen Wasser ablöschen und mit dem Soßenwürfel abschmecken.

Gänsebraten mit Backobst

1 küchenfertige Gans (4,5 kg)
Salz
weißer Pfeffer
1 EL getrockneter Thymian
1 kg gemischtes Backobst
6 EL weißer Rum oder Arrak
(Reisbranntwein)
1 Würfel Bratensaft für 1/2 l
Flüssigkeit

Gans unter kaltem Wasser waschen, trockentupfen und von innen salzen. Innen und außen mit Pfeffer und Thymian einreiben. 1/2 l Wasser in die Fettpfanne gießen. Gans auf den Rost des Backofens legen und über der Fettpfanne im vorgeheizten Backofen (E-Herd 200 °C, Gasherd Stufe 3) 3 Stunden braten. Von Zeit zu Zeit mit Bratensaft begießen. Nach 1 Stunde Bratzeit die Gans unter den Keulen einstechen, damit das Fett heraus laufen kann. Backobst mit Rum oder Arrak beträufeln und 1 Stunde durchziehen lassen. 30 Minuten vor Ende der Garzeit etwas Fett abschöpfen. Backobst in die Pfanne geben. Den Braten mit Salzwasser einstreichen. Nach dem Braten die Gans ca. 10 Minuten ruhen lassen. Das Backobst mit der Schaumkelle herausnehmen und warm stellen. Bratenfond mit 1/2 l Wasser ablöschen, durch ein Sieb in einen Topf gießen, entfetten und zum Kochen bringen. Bratensaftwürfel darin auflösen. Soße mit Salz und Pfeffer abschmecken. Gans mit Backobst anrichten. Dazu schmecken Kartoffelklöße.

Gänsebraten

Gänsebraten elsässisch

100 g magerer Speck
1 EL Gänseschmalz
2 gehackte Zwiebeln
6 Äpfel
2 EL Rosinen
750 g Sauerkraut
1 Ei
Salz
Pfeffer
Majoran
1 bratfertige Gans (3500 g)
1000 g kleine Kartoffeln
8 EL Preiselbeerkompott

Speck würfeln, im Schmalz auslassen, Zwiebeln hinzufügen, hellgelb dünsten. 2 Äpfel schälen, vierteln, entkernen, würfeln. Mit den Rosinen und dem klein geschnittenen Sauerkraut zum Speck geben. 5 Minuten dünsten. Vom Herd nehmen, das Ei, Salz, Pfeffer und Majoran darunter mischen. Gans damit füllen, zunähen. Außen salzen und pfeffern. Ofen auf 200 °C heizen. Gans mit der Brustseite nach unten auf den Ofenrost legen, Fettpfanne darunter schieben. 1/4 l kochendes Wasser darüber gießen, Gans 30 Minuten braten, umdrehen und in 2 bis 2 1/2 Stunden gar braten. Dabei immer wieder mit Bratfond aus der Fettpfanne begießen. Kartoffeln schälen, 35 bis 40 Minuten vor Garzeitende in die Fettpfanne geben. Restliche Äpfel schälen, halbieren, entkernen, 15 Minuten bei den Kartoffeln mitschmoren lassen. Gans heraus nehmen. Ebenso Kartoffeln und Apfelhälften, die mit je 1 EL Preiselbeeren gefüllt als Beilagen mit Sauerkraut und entfettetem Bratfond zur Gans aufgetragen werden.

Keulen im Grünen italienisch

2 Gänsekeulen (900 g)
Salz
Pfeffer
Basilikum
Oregano
2 EL Olivenöl
2 gehackte Zwiebeln
1/2 l Hühnerbrühe
1/4 l Rotwein
500 g frischer Brokkoli (oder
450 g aus der Tiefkühltruhe)
20 g Butter
Muskat
200 g Tomaten
50 g Crème fraîche

Keulen mit Salz, Pfeffer, Basilikum und Oregano einreiben. Im Öl anbraten. Zwiebeln dazugeben, kurz mitrösten, dann nach und nach abwechselnd Brühe und Wein angießen, Keulen in etwa 90 Minuten gar braten. Unterdessen frischen Brokkoli putzen (tiefgekühlten aus der Packung nehmen). In Salzwasser gar kochen, abtropfen lassen. Butter zerlassen, mit Salz, Pfeffer, Muskat würzen, Brokkoli darin schwenken. Tomaten häuten, vierteln, entkernen, unter den Brokkoli schwenken, warm stellen. Keulen herausnehmen. Fond entfetten, im Mixer oder mit Mixstab glatt schlagen. Crème fraîche darunter schlagen, aufkochen. Mit dem Gemüse und knusprigem Stangenweißbrot zu den Keulen reichen.

Gänseklein ungarisch

Salz
600 g Gänseklein (Flügel,
Herz, Magen, Hals)
1 kleiner Bund Suppengrün
(250 g)
100 g Gänse- oder
Geflügelleber
1 Ei
30 g Semmelbrösel
Salz
Pfeffer
Majoran
1 Päckchen Helle Soße
2 EL Paprikamark
1 EL marinierte
Paprikastreifen
1 Eigelb
4 EL Sahne
1 gehäufter EL Edelsüßpaprika

Salz mit 1 1/2 l Wasser zum Kochen bringen. Gänseklein einlegen, Suppengrün klein schneiden und hinzufügen. Etwa 60 Minuten leicht kochen, aus der Brühe nehmen. Leber schaben, Ei, Brösel, etwas Salz, Pfeffer und Majoran darunter rühren. Zu Klößchen formen, in der Brühe gar ziehen lassen (etwa 12 Minuten), herausnehmen. Helle Soße mit 1/2 l der Brühe zubereiten, Paprikamark und -streifen darunter rühren. Eigelb mit Sahne und Edelsüßpaprika verquirlen, in die heiße aber nicht mehr kochende Soße rühren. Fleisch von Haut und Knochen lösen, mit den Innereien und den Klößchen einlegen, heiß werden lassen. Mit Reis und Paprikagemüse auftragen.

Schmor-Keulen polnisch

2 Gänsekeulen (900 g)
Salz
Majoran
2 EL Öl
1 Bund Suppengrün
1 Glas Hühnerfond (400 g)
300 g grüne Bohnen
Bohnenkraut
1 kleine Zwiebel
20 g Butter

Keulen mit Salz und Majoran einreiben, in großer Kasserolle im Öl unter öfterem Wenden 10 Minuten anbraten, herausnehmen. Suppengrün putzen, waschen, in Stücke schneiden. Mit dem Hühnerfond in die Kasserolle geben, aufkochen. Keulen dazu geben, in etwa 90 Minuten gar schmoren. Bohnen putzen, mit Bohnenkraut in Salzwasser gar kochen, abtropfen lassen. Zwiebel hacken, in der Butter hellgelb dünsten. Bohnen darunter schwenken. Keulen aus der Kasserolle nehmen, Fond durchs Sieb gießen, entfetten, sämig einkochen. Mit Bohnen, den Möhren vom Suppengrün und Kartoffelklößen auftragen.

Entenbrustfilet auf Orangenscheiben mit Frisée-Salat

2 Entenbrüste (600 g)
30 g Butter oder Margarine
3 Orangen
Salz
weißer Pfeffer
1/8 Liter trockener Weißwein
1 EL Speisestärke
4 EL Öl
4 EL Kräuteressig
Zucker
1 Kopf Frisée-Salat

Entenbrüste waschen, trockentupfen. Fett in einer Pfanne erhitzen, das Fleisch von beiden Seiten goldbraun anbraten, dann in der geschlossenen Pfanne ca. 20 Minuten garen. In der Zwischenzeit 1 Orange schälen und in 1/2 cm dicke Scheiben schneiden. 1 Orange halbieren und auspressen. Entenbrustfleisch aus der Pfanne nehmen, salzen, pfeffern und warm stellen. Den Bratenfond mit Orangensaft und Weißwein ablöschen. Die Orangenscheiben hineinlegen und kurz erhitzen. Dann herausnehmen und ebenfalls abgedeckt warm stellen. Speisestärke mit wenig kaltem Wasser glatt rühren, die Soße unter Rühren damit binden. Soße aufkochen lassen und mit Salz und Pfeffer abschmecken. Entenbrustfleisch in Scheiben schneiden, auf den Orangenscheiben anrichten und die Soße darüber verteilen. Für die Marinade Öl und Essig in einer Schüssel verrühren und mit Salz, Pfeffer und Zucker abschmecken. Frisée-Salat waschen, abtropfen lassen und in mundgerechte Stücke zerteilen. Dann in eine Schüssel geben und die Marinade darüber gießen. Entenbrustfilet auf Orangenscheiben mit dem Salat zusammen servieren. Dazu schmecken am besten Kroketten.

Vegetarische Gerichte

Bunte Eierpfanne

2 gelbe Paprikaschoten
2 Zucchini
2 Zwiebeln
1 Knoblauchzehe
3 EL Öl
Salz, weißer Pfeffer
100 g Kirschtomaten oder
3 kleine Tomaten
4 Eier
1 Bund Dill

Geputztes Gemüse in Streifen schneiden. Zwiebeln und Knoblauch schälen, Zwiebeln fein würfeln. Öl in einer Pfanne erhitzen und die Zwiebeln darin glasig dünsten. Knoblauch pressen und mit dem Gemüse zu den Zwiebeln geben. 5 Minuten andünsten. Mit Salz und Pfeffer würzen. Geputzte Tomaten in die Pfanne geben, kleine Tomaten vierteln. 4 kleine Vertiefungen in das Gemüse drücken und die Eier dort hinein gleiten lassen. Zugedeckt, 5 bis 7 Minuten bei mittlerer Hitze stocken lassen. Fein gehackten Dill über die Eier streuen und heiß servieren. Beilage: Baguette oder Bratkartoffeln.

Eierpfanne mit Gemüse

1 Frühlings-Zwiebel
1/4 rote Paprika
1 EL Butter
2 EL Erbsen
2 Eier
Salz
Pfeffer
1 EL Petersilie

Die Zwiebel putzen, waschen und in 1 cm lange Stücke schneiden. Die Paprika in Streifen schneiden. Die Butter erhitzen, Paprika und Zwiebel unter Rühren glasig braten. Die Erbsen zufügen und weitere 2 Minuten mitbraten. Die Eier mit einer Gabel nur so verrühren, dass die Eidotter aufspringen, über das Gemüse gießen und mit Salz und Pfeffer würzen. Die Eier bei mittlerer Hitze stocken lassen, bis das Eiweiß glasig fest ist, nicht umrühren. Die Eierpfanne mit der Petersilie bestreuen und sofort servieren.

Ratatouille

1 Dose geschälte Tomaten
(800 g)
250 g Zwiebeln
250 g Paprikaschoten
250 g Auberginen
250 g Zucchini
1 - 2 Knoblauchzehen
5 EL Olivenöl
1 EL Kräuter der Provence
1 EL Basilikumblätter
200 g Schafskäse gewürfelt

Das Öl in einem großen Schmortopf erhitzen. Die Zwiebeln schälen und achteln, dann im Öl glasig dünsten. Die Paprikaschoten in schmale Streifen schneiden, die Auberginen und die Zucchini ungeschält in ca. 1 cm dicke Streifen schneiden und mit den Paprikastreifen zu den Zwiebeln geben. Die Tomaten abgießen, den Saft mit den Kräutern, den Knoblauchzehen, dem Salz und dem Pfeffer würzen und über das Gemüse geben. Die Tomaten auf das Gemüse legen. Den Topf abdecken und das Gemüse langsam bei ganz geringer Hitzezufuhr garen, dabei nicht umrühren. Den gewürfelten Käse über den fertigen Eintopf streuen. Mit frischem Baguettes oder als Beilage zu Fleisch reichen, dazu Reis.

Süße Desserts

Birnen andalusisch

4 Birnen (600 g)
170 g Zucker
1 Vanillestange
1 Zimtstange
100 ml Cream-Sherry
1 Ei
3 Eigelb
1 Flasche Schoko-Soße (220 g)
4 Cocktailkirschen

Birnen schälen, halbieren, entkernen. 50 g Zucker, Vanille und Zimt in 3/4 l Wasser aufkochen. Vom Herd nehmen, zwei Gläschen Sherry (4 cl) dazu gießen, erkalten lassen. Ei, Eigelb und restlichen Zucker schaumig rühren, ins Wasserbad stellen, restlichen Sherry hinein rühren; so lange weiter rühren, bis sich das Volumen verdoppelt hat. Schoko-Soße erhitzen, mit der Sherrycreme über die Birnen geben, Cocktailkirsche dazu setzen.

Zitronencreme-Dessert

1 Päckchen Puddingpulver
Zitronen-Geschmack (z.B.
Dr. Oetker Paradiescreme)
4 Kiwis
2 Sharon-Kaki
2 cl Cognac oder Weinbrand
1 cl Amaretto

Pudding nach Packungsvorschrift zubereiten. Früchte schälen, zu bleistiftstarken Scheiben schneiden. Aus 4 Kiwi- und Kakischeiben 4 größere und kleinere Sterne ausstechen. Restliche Scheiben zu Würfeln schneiden, mit Cognac und Amaretto beträufeln, 15 Minuten ziehen lassen. In 4 Gläser verteilen, Pudding darüber geben, mit den Sternen garnieren.

Stichwortverzeichnis